正言顺语

——用演说赋能个体崛起时代

王 顺 著

中国铁道出版社有限公司
CHINA RAILWAY PUBLISHING HOUSE CO., LTD.

图书在版编目（CIP）数据

正言顺语：用演说赋能个体崛起时代 / 王顺著 .—北京：中国铁道出版社有限公司 , 2021.7

ISBN 978-7-113-27743-7

Ⅰ.①正… Ⅱ .①王… Ⅲ .①演讲 - 语言艺术 Ⅳ.① H019

中国版本图书馆 CIP 数据核字（2021）第 029577 号

书　　名：正言顺语——用演说赋能个体崛起时代

ZHENGYANSHUNYU——YONG YANSHUO FUNENG GETI JUEQI SHIDAI

作　　者：王　顺

特约策划：叶　宁　张　盈　刘曼旭　黄晓华

责任编辑：乔建华　　　　　　　　　**电话：**（010）51873345

封面设计：邓竣予

美术编辑：刘　莎

责任校对：王　杰

责任印制：赵星辰

出版发行：中国铁道出版社有限公司（100054，北京市西城区右安门西街 8 号）

印　　刷：三河市宏盛印务有限公司

版　　次：2021 年 7 月第 1 版　2021 年 7 月第 1 次印刷

开　　本：700 mm×1 000 mm 1/16　印张：15.5　字数：173 千

书　　号：ISBN 978-7-113-27743-7

定　　价：62.00 元

前言

心怀正心，坦荡乾坤

凌晨时分，窗外淅淅沥沥地下起了小雨，雨滴打在树叶上发出滴滴答答的声音，伴随着秋风，窗外奏起了一部让人舒悦的“深夜交响曲”。

秋雨在寒夜中透着一丝凉意，但也增添了几分平静。尤其是雨滴打在树叶上的声音，在夜阑人静时，响在耳边，淌过心底，如同一场洗礼。在这深夜，没有聚光灯的透射，没有观众的掌声、呐喊，我心旷神怡地躺在床上聆听大自然的奏乐，过去的经历一遍遍地在我脑海中闪现，于是我便起身坐到书桌前，把我内心真实的感受撰写出来，与每一位阅读此书的读者分享。

伫立在街边的一盏孤灯，伴着室内温热的清茶，一切都显得那样惬意与平和。书稿上的文字似乎也“活”了起来，它们跳跃着、组合着，呈现出每个不同时期的我。

文字是传递情感的一种方式，每到夜深人静时，我便在脑海里把自己过去所经历的种种画面回放一遍，从中甄选有意义的事情，以便撰写出自己最真实的故事。

我叫王顺，出生于一个普通家庭。我未曾想过，曾经自卑、缺乏自信的我能成为一名演说家。

22 岁，我便走过了全国 60 多个城市，发表演讲和主持超过了 300 场。

24 岁，我有幸受邀到修正药业工作。

25 岁，我在乌海市创办了第一家家乡正规的医疗整形医院。

26 岁，我重回舞台，再次走上演说之路。

……

到现在，我已经走过了全世界 100 多个城市，发表演讲超过了 1 000 场，并先后被今日头条、腾讯、网易、搜狐等媒体报道。

一路走来，披荆斩棘，从曾经弱小、自卑的我，成长为现在可以站上舞台的演说家，我是如何一路走到现在呢？

掩卷沉思，答案就在心间：始于苦难，成于正心。

曾经的我，是别人眼中的“残疾人”，因为在少年时期，我的手臂多次骨折且未能得到及时的治疗，在愈合时长成了畸形。从此，我便成了同龄人眼中的“异类”。我的少年便是在他们的嘲笑中度过的。在嘲笑声中，我对生活产生了怀疑，对未来更是迷茫。

甚至，我不断地责怪自己的父母，我责怪他们对我的漠视，导致我的手臂出现了永远无法愈合的畸形，因“异类”而自卑。在那段阴暗的日子里，我时常自问：“有点残疾的我，生活的意义是什么？”

人所有的阅历都有其深刻的意义。每当我回首过去的种种经历，又庆幸地发现，正是那些阴暗的经历，使我认清了自己努力的方向。正是那些磨难，造就了如今成功的我。

“行到水穷处，坐看云起时。”在白驹过隙间，有些人沉沦于困难之中无法自拔，有些人甘于平庸而忙碌一生，有些人不屈于命运而逆流直上。面对逆境，我没有沉沦。在我困顿的日子里，我遇到了给予我帮助的良师益友，他们是我迷茫时的指路明灯，授予我知识、力量，赋予我前进的勇气。

回溯过往，如果没有过去那段阴暗的日子，便不会有如今绽放光芒的我。我们不必介怀生命带给自己的痛楚和磨难，只要努力，不负时光，这些痛楚和磨难终会成为自己通往美好生活的基石。

“相知无远近，万里尚为邻！”我希望通过自己的讲述，用自身的经历去启迪那些与我有过相同遭遇的人，让他们在心中产生正心之光，帮助他们走出心理阴影，帮助他们走向非凡的人生。我希望在接下来的每一天，始终怀着感恩之心，用自己的正心去激励众人。

何谓“正心”？简而言之，就是积极、正向的价值观、人生观、世界观。

“正心”从何而来？通过演说，帮助聆听者树立“正心”！

通过演说，向聆听者传递更多积极、向上的正能量，帮助他们树立“正心”思想，引导他们走好人生的每一步。我想，这便是演说的魅力。

对一个演讲者而言，“正心”是不可或缺的必需品。也许聆听者未能记住演讲者说的每一句话，但是他们一定会记得演讲者所传递出的正能量。由此可见，如果一个演讲者内心没有“正心”，他便不能向聆听者传递出正确的思想，更不能让聆听者重拾对生活的信心。

我深知“正心”的重要意义，并以此作为本书的核心理念，取书名为《正言顺语——用演说赋能个体崛起时代》，希望借此理念，尽自己的绵薄之力，唤醒人们心底最单纯、最美好的那份信任，使正能量回流，让这个世界的人多一点微笑、多一份信任。

可以说，这本书记录了我在演讲这条路上的一些经历，以及这一路走来所领悟到的生活真谛。在人生旅途中，我遇到了许多像我一样负重前行的人，他们虽然如此平凡，但皆因心存“正心”，最终取得了巨大的成功。我将这些鲜活的故事讲给你，希望能给予你鼓励、勇气，最终能实现你的理想。

在读此书的时候，也许你会惊喜地发现，书中的每个章节展现了不同的演讲方式。希望在你阅读本书的时候，能有所启发，用属于你的“正心”，诉说你的人生故事，为更多的人带来正能量。

无论风云怎么变幻，如果我们都能从心出发，做一个善良的自己、真实的自己、勇敢的自己，那么每当我们仰望苍穹，回首往事时，我们会因为不失“正心”，不忘初心，栉风沐雨，为自己能砥砺前行而感到莫大的欣慰。

王 顺

2019 年 11 月 5 日

目　录

勇气是什么？它是前行路上的补给站。
找到它，我们可以披荆斩棘，一往无前。
遗落它，我们往往踌躇犹豫，止步不前。
生活之勇，直面磨难；为人之勇，直面缺憾；
正心之勇，直面失败。

势，无有形之实，有无形之力。
顺势而行，如东风助力，直挂云帆济沧海。
逆势而为，似负重前行，虚负凌云万丈才。
山河之势，顶天立地；人生之势，跌宕起伏；正心之势，厚积薄发。

生命，记录着你的每一个足迹。
足迹，源于你的每一步行动。
思想之行，历遍古今中外事；远足之行，阅尽江山湖海；正心之行，铸就生命里程碑。

缘起

一颗正心可以温暖整个宇宙

很多人说："演讲是为了点亮更多人的生命。"这听起来似乎很高尚，然而现实中有多少人能够不求回报地去燃烧自己呢？即便有，他的光和热又能散发多久？其实大可不必用使命来掩饰真实的需求，无论是对金钱的渴望，还是对名利的向往都无可厚非。因为演讲其实就是一份职业，是实现生存目标的一种方式。如果当演讲者拿起麦克风时，真的肩负了什么使命，那便是要为听众传递价值，努力让自己成为那一束给予人希望的光。

坦白地说，我最初站上演讲台时，也没有所谓的使命感，脑海里也没有想着如何去帮助别人。我最初站上舞台源于自身缺乏被认同感，并且这种自卑感贯穿着我整个童年以及少年时光。为了战胜自卑，获得自信，我努力奋斗，站上舞台，向大家展示我的才能与优势。

我曾以满足自身的虚荣心，博得别人的眼球作为演讲的初衷。那时的我发现无论我的演讲水平如何，台下的观众都会为我鼓掌，当我把演讲时拍摄的精美照片发表到社交平台上时，我赢得很多人的点赞与关注。现在回想起来，当初的演讲初衷是多么的浅显、幼稚。

直到 2012 年，我的恩师带我到深圳的一家工厂去演讲，演讲期间发生了一件让我至今记忆犹新的事，这件事让我领悟到了演讲的真正意义。

演讲的第一天，恰好是一位小女孩的生日。作为课程的主讲老师，我决定赠予她一份礼物。送什么好呢？我翻开行李箱并找到一根非常大的棒棒糖，并把它当作礼物送给这位小女孩。当我转身离开时，她却一把抱住我，并嚎啕大哭。当时的我尴尬地以为，可能她因为礼物太小。直到晚上偶遇小女孩的老板，那位老板对我说，你的礼物是她十几年来收到的第一份生日礼物，从收到礼物的那一刻开始，她突然感受到这世间原来还有人关注她的存在、在意她的感受。

这看似微不足道的一件小事却影响着小女孩以及我的一生。在微信还未盛行的年代，小女孩每年在我生日时，准时准点地在我的 QQ 留言板上留下一句：“生日快乐！”这句看似简单而平凡的祝福语成为我一直坚持演讲的信念，因为我知道是我的演讲和礼物改变了她的一生，也是她的感恩之心让我明白演讲的重要意义。

第二年，这个小女孩离开了工厂，进入到美容行业，经过多年打拼，如今的她事业小有所成且已成家生子，过上了幸福的生活。后来在一次聊天中，她对我说：“那一次的演讲对我的影响非常大，您送我的那根棒棒糖温暖了我整个人生，让我找到自己存在的价值。”看着她通过自身的努力过上幸福的生活，我为此感动、自豪，感动的是她懂得感恩以及不屈服于现实生活，自豪的是我的演讲和礼物影响和照亮了她的一生。

此前我从未想过，一份小小的礼物能给予别人弥足珍贵的价值，更没想到自己的演讲会给别人带来希望。她的出现，让我第一次相信演讲是真的可以帮助别人，而通过帮助别人所获得的快乐和满足感，远比在台上获得的掌声和关注更有价值。也就是从那一刻开始，我不断地思考：拿着麦克风站上舞台，究竟怎样才能更好地为别人创造价值？

让我真正顿悟到演讲的使命，是发生在2016年杭州的一场演讲。

那天，当我走到会场门口，准备上台时，一位女士突然向我冲来，紧紧拥抱着我，并不停地说着感谢的话。当时我被这突如其来的一幕，搞得有点错愕，直到晚上我才明白那位女士为何会如此激动。她是我上次演讲时一位学员的妻子，她激动的原因是因为她的丈夫听完我上次的演讲后出现了很大的转变，那次演讲成为她丈夫生命中的转折点。

关于她的丈夫，我记忆犹新。在上一次的演讲过程中，我把学员分成了几个团队，相互PK，而她的丈夫便是其中一个团队的队长。但他根本没有担起队长的责任，他带领的团队在PK中一直处于落后的位置，可他毫不在意，一副不以为然的样子，导致团队以倒数第一名的“头衔”结束了比赛。我记得，在团队比赛正激烈时，他不仅没想着把握时机，为队员们打气，居然还笑着向我提出要求，要到会场外吸烟。当我听到这个请求后，瞬间怒不可遏，为了让他成为一名尽责的队长，承担起团队的责任，我在接下来的课程中，非常严格地执行了排名垫底的特殊“奖励”：团队共同承担两千个俯卧撑！

与以往不同的是，我没有让他和团队一起承担这份“奖励”。而是让所有队员在他的面前执行输掉比赛的“奖励”。队员们每做一个俯卧撑，便报一个数：1个，2个，3个，4个，5个……随着俯卧撑次数不断增加，开始有队员坚持不下去了，即使这样，他依然不为所动。

我开始通过麦克风，把他在课程中所有不负责任的表现一一讲给他听时，他眼圈慢慢地红润了。之后，他突然泪流满面地大喊一声：“我错了！都是我的错！”紧接着，他扶起坚持不下去的队员，哭着向我申请要把剩下的俯卧撑独自做完！我没有回应，他低头开始做俯卧撑……

训练结束后，他坐在地上惭愧地和大家分享他的心得：因为生意投资失败，面对生活的不堪重负，他开始用逃避来解决问题，而今天的课程就像当头棒一样，让他醒悟，更让他明白一个男人应该承担的责任！

这次训练结束后，他回到家仿佛变了另外一个人，不仅洗心革面地戒掉了多年未改的陋习，还和妻子共同承担起家庭的重担，一起经营生意。

他的巨大转变，使他的家庭获得了重生，同时也让我的内心受到了极大的震撼，我深深地感受到在冥冥之中，仿佛有一股神奇的力量在指引着我。让我觉得不是我选择了演讲，而是演讲选择了我，我要肩负起这份神圣的使命，用演讲带给别人力量与成长。我真的很感恩，找到了自己生命中最深层的快乐，这份快乐并不是因为自己获得了什么，而是我开始有力量去给予。我深深地相信，终有一天自己定会成为照亮别人的那束光。

师者，光也。每一位演说家都是照亮别人的人，像黑夜里的明灯为前行的人指明方向。最后，我想告诉大家：一颗正心，可以温暖整个宇宙。我们带着自己的使命讲好每一场演讲，一定会让自己和别人收获丰盛的人生。

上篇

演说之道

Chapter 01

第一章

信·正心之基

诚信是什么？它是现实世界里的阳光。

沐浴其中的时候，我们往往忽略了温暖的感觉。

到失去它的时候，我们会感到刺骨的寒冷！

诚信，是社会的基石、演说的基石、正心的基石。

对我而言，我觉得诚信是做人的重要准则之一，是一个人在精神方面的境界。简单地说，“诚”体现的是一种个人评价，“信”体现的是一种社会评价。个人的“诚”延伸至社会，就是信；社会的“信”作用于个人，就是“诚”。诚是个人境界，信是社会境界。所以，诚是立人之本，信是立国之本。

作为演讲者，经常面对成百上千人，把“诚信”传递给更多人，是演讲者的责任和使命，也是演说成功的前提和核心。我要求自己，向观众讲述我最真实的故事，才能获得观众的信任。

那么，很多时候，为什么我们说的话，别人不相信呢？不要去找他人的原因，先问自己一个问题——自己有没有把“诚信”当作最高的人生价值追求呢？

如果你在演讲台上所说的并不是你做的，那么，在不知不觉中，你的表情、神态、声音、动作等都会传递给观众：你说的不是真话！当观众认为你在说假话时，又如何会信任你？

你不相信自己、观众不相信你……这样的演说，还有什么意义？把“诚信”视为自己的价值追求，这不是一句简单的口号。诚信，是演说成功的基石，心怀这个正心，你才能在演说中实现自我价值。在这一点上，你首先要做到的，就是“**诚于己**”：**诚于己，你才能**

彻底地说服自己，你才能说服他人！

为什么很多人站到演讲台上就会紧张？紧张的情绪往往源于自己的不真实，对自己所讲的内容不自信。为什么你不愿意“诚于己”？往往是因为你首先想到的是“他们喜欢听什么”或者“你讲什么他们才会喜欢”！“见人说人话，见鬼说鬼话”，这样的小聪明对于站在台上演讲者而言，是得不到认可和尊重的。

相反，真实可靠的内容，根本不需要刻意的修饰和伪装，就能轻而易举地获得别人的信任。因为你所讲的内容，是你亲身经历过的，所感受的，即使不加任何修饰，你仍然能够娓娓道来。这会降低你在演讲时的紧张情绪，同时还会引起观众的共鸣。

这好像你对最信任的朋友吐露心声时，自己表达得非常流畅，而且朋友也愿意聆听。此时，没有虚假的掩饰，只有真实的表达，你所讲的每一句话，带着“诚于己”的真实之力！

演讲的过程，就是一个沟通的过程。观众能从你的情绪、声音、表情等各方面感受到你的状态。那些与你有着相似经历、相同遭遇的人，会因为你演讲的真实而感同身受，与你产生共鸣，才会随着你的演讲，时而大笑、时而流泪、时而为你喝彩！

如果你真的做到了“诚于己”，你没有任何心理负担、没有任何理由不相信自己。相信自己说的话是真实的、有用的，才能够自信地讲给观众听。

不过，走到这一步，你还远远没有做到“诚信”。接下来，我想问大家：

你相信自己说的话，会给大家带来价值吗？
你相信自己说的每一句话，都能给大家带来成长吗？
你说的话是对大家有帮助，还是仅仅对自己有帮助呢？

这是你需要做到的第二点——**“信于人”。给大家带来价值，帮助大家成长，你才能获信于人！**

我的老师曾经告诉我，不管你过去上过多大的舞台，不管面对过多少人发表演讲，不管你曾经取得多大的成就……只要当你再次站上舞台，无论台下坐着什么样的人，人数有多少，不管是3 000个人、还是300个人，哪怕只有1个人在听你的演讲！

你要时刻记着：你所讲的每句话都要给他们的生命带来价值！这样，才不会辜负观众花费时间来听你的分享。如果分享不能给他人带来任何价值，那就是在浪费他人的时间和生命，还不如不上台！这句话一直深深地影响着我。

此后，每次上台前，我都反复告诫自己，每个人的时间都很宝贵，既然观众花了时间与金钱来听自己的演讲，一定想要得到一些收获。对于一个有责任感的演讲者来说，给观众创造出真正的价值是责无旁贷的。

“你若盛开，蝴蝶自来！”当你能帮助更多的人，让他们能通过你的演讲分享而有所收获时，你自然就成了那朵盛开的鲜花，你的“能量场”自然就可以吸引更多的人围绕在你的身边，这是一个良性循环。“吸引力法则”会把越来越多志同道合的朋友带到你的身边。

如果你只是为了获得某种利益，才与大家分享的，那你的演讲肯定不会给大家带来任何价值。那么，你又如何取信于他们呢？

在这里，我跟大家分享一次亲身经历的演讲，并且是失败的演讲，希望让各位读者从中得到一些启发。

我离开自己的家乡内蒙古，来到了繁华的上海，追寻自己的演说梦想。我经过不断地学习、不懈地努力、不断地尝试后，终于研发了自己的品牌课程《目标创造奇迹》，并且站上了舞台，成为一名演说家。

随着这个品牌课程越来越受欢迎，我决定回到自己的家乡内蒙古，为家乡的创业者办一次分享会。这是我第一次面对家乡的创业者演讲，所以当时除了“衣锦还乡”的感觉外，我内心还有一个不断出现的想法：一定要在家乡的观众面前好好表现自己、展现自己最好的一面，让所有的人都看到我这些年的成长和改变，让大家都觉得我很厉害，引以为豪。

在这种想法的“刺激”下，我当时是非常认真地对待这次演讲。

在整个演讲过程中，我一直处于自我陶醉的状态，把我认为特别棒的内容、特别好的故事一一分享给大家。我一边演讲，一边沉浸在给大家带来巨大帮助的那种飘飘然的状态里。

可是没想到，课程结束后，我聆听大家的反馈意见，很多学员都跟我说：这个课程的内容太高大上，太虚了，并没有为他们带来任何帮助。甚至还有学员问我，我所讲的内容是真的，还是假的……

当我听到大家说出这些感受时，说实话，我当时的心情很沉重。甚至，对他们产生了很多不满：我给他们分享这么好的内容，如此精彩的阐述，我还在演讲过程中加入了很多生动的案例，他们竟然还听不懂，居然还说课程不好。

我越想越愤怒！随后，当我跟执行团队开会复盘时，忽然意识到一个很严重的问题：举办这个演讲时，虽然准备工作做得很充分，但是我并没有把焦点放在如何帮助学员获得真正成长的这件事情上，而是把焦点全部放在了自己身上，在台上拼命地展现自己，拼命地炫耀自己所取得的各种成绩，却忽略了最重要的事情，结果我讲的内容完全脱离了来参加这次演讲会的企业家的实际情况。

这次来参加演讲会的大多数观众是内蒙古当地的小微民营企业家，他们参加这次演讲会，更多的是希望能从我的分享中得到一些启发和帮助，能帮他们企业解决眼前的一些实际困难，尤其是企业在发展过程中所遇到的瓶颈。他们并不是很关注如何让自己所处的行业变得更好，让整个营商环境变得更好。这是很实际的问题，而我给他们分享的内容里，所提到的人都是如何改变世界，如何改变整个商业环境的，而这些人恰恰离他们很远。

在演讲的过程中，我把自己的很多观念强加在大家的身上，并没有真正地去引导大家、启发大家，给大家带来真正的帮助，所以才导致大家有了不真实的感受。

由此可见，演讲的关键是给大家带来启发和帮助，而不是给自己带来舞台上的“虚荣感”，要讲大家想听的，而不是自己想讲的。

从这一点来说，对我而言，这是一场非常失败的演讲！

很显然，那个舞台上的我，并没有给现场的观众创造价值。我没有帮助到他们，我就无法获得他们的信任，只会得到他们的怀疑、抱怨。

诚于己、信于人，“诚信”是每一个演说者应该坚守的正心。但是我想提醒大家：诚信并不是演说里的调剂品，而是必需品！一旦你偏离了这个正心，那你的演说之路将难以继续。这绝不是夸大其词，因为我就曾经在这一点上得到过很深刻的教训。

2016年，我去广州参加一个分享会。起初，我的身份只是分享嘉宾，并不是主讲老师。当时主办单位为这次分享会也做了大量的宣传，宣传海报的主角全都是主讲老师。可是，到了分享会开始时，主讲老师因为航班延误而没有及时到场。于是，主办单位在情急之下，让我顶替主讲老师，为观众作分享。

对这个分享会的主题和内容，我之前只是听过一遍，也没有充分准备，但是救场如救火，我只好硬着头皮走上了演讲台。

在上半场的演讲中，为了迎合活动原定的内容流程，我努力地去回忆这个主题该怎么讲，里面的核心内容该怎么阐述，我不断地生搬硬套一些内容，完全失去了自己演讲的节奏，导致很多现场观众根本没有听下去的兴趣，甚至产生了反感。

我清楚地记得刚上台时，会场里有400多名观众。在我生搬硬套的分享过程中，不断地有人离开，到上半场演讲结束时，会场里只剩下100多名观众！看到这样的情况，我心急如焚：我怎么把观众讲跑了？这可怎么办？

我非常焦急和自责。在中场休息时，我和团队成员商讨对策。团队成员的一句话点醒了我：既然情况已经这样了，你就索性按照你自己的风格来演讲，不要局限于原来的主讲老师所预设的主题。

事已至此，我卸下心理包袱，下半场开始后，我再次走上舞台，抛弃了原来的主讲老师所预设的主题，把自己领悟到的内容分享给大家，并且以自己的演讲风格，以自己的故事为案例，与大家进行了真诚的分享。

没多久，工作人员递上一张纸条，上面写着：有些观众已经在给离开的人打电话，说老师开始很认真地跟大家分享了，你们快回来，讲得很不错。

看到这样的消息后，我立即“满血复活”，信心百倍，在台上讲得更加自如。

随着离场的观众陆续返回，到下半场演讲结束时，主办方很高兴地告诉我，他们统计了最后的在场人数，有300多人！

那一刻，我真是悲喜交加。起初，我把观众讲跑了。后来，我又神奇地把观众拉了回来。

这是一次奇妙的演讲经历，可以说是冰火两重天——上半场的我，没有做到“诚于己”，站在台上的那个人并不是我，只是一个原定主讲老师的“替身”，观众毫不犹豫地离我而去。下半场的我，回归真实，做到了“诚于己”，用我的方式给大家演讲，给大家带来了价值，观众又为我而来。

这是一次失败的教训，也是我的一笔宝贵财富。我把它分享给大家，就是想让更多的读者明白一件事情——在成为一个卓越演说家的路上，在心怀正心去演讲的路上，从“诚于己”出发，才有“信于人”的结果。

信——正心之基，不可动摇！

本章作业

如果你想成为一名演说家，请认真思考并写出50个学习演说的理由。

Chapter 02

第二章

真·正心之始

真诚是什么？它是所有真情之感的源头。

拥有它，我们的生活处处显真情。

失去它，我们的生活就成了戴着面具的表演！

始于真诚的沟通，建立信任；始于真诚的演说，直抵人心；始于真诚的正心，力有万钧。

演说是一种语言表达，每一个演说者，都希望自己的表达能打动观众、影响观众。但是，真正决定表达效果的，往往并不是表达的本身，而是演说者和观众沟通时的姿态。

演说者，不仅是一个站在台上的表达者，更是一个面对观众的服务者。因此，每一个演说者，当你站上舞台的那一瞬间，需要有一种服务的姿态：不要把自己当成他们人生的导师，总想着去说教！你要怀着一颗真诚的心，去表达、去服务，让观众感受到你的真诚，他们才会喜欢你。

演说者不能俯视观众，也不能谄媚观众，只需要真诚地和他们沟通。这句话听起来有些玄妙，但是，我是怎么做到和观众真诚地沟通呢？大家不妨先看看，我经常在演说时给听众分享我的一段人生经历。

我出生在一个逃荒到内蒙古的家庭里，父母不屈服于命运的安排，拼命地工作，努力改变家庭的生活条件，几乎把所有的精力都放在了工作上，根本没时间陪我。

由于缺少父母的陪伴，我从小就学会了自找娱乐项目。年幼无知的我总给家里添麻烦，每一次的贪玩不仅把自己的衣服弄得脏兮兮的，还把家里的东西搞得乱七八糟。对此，父母很是头疼。于是，他们想到了一个“好方法”：定制了一把比我高三倍的椅子，每次当他们出门工作的时候，便会把我放到上面。由于椅子太高，我因惧怕摔下来而不敢乱动，于是我常常独自一人在椅子上独坐几个小时。在父母看来，那是限制我行动的最好方式。

6岁那年，当椅子已经不能限制调皮捣蛋的我的时候，和小伙伴玩耍时，我不慎从二楼滑下楼梯，导致胳膊骨折。我泪流满面地回家找我的母亲，原本以为我会得到相应的安慰，但是我的母亲还斥责我，并说道："你都几岁了？还这么调皮捣蛋、这么不懂事。"

除了斥责以外并未得到母亲的任何安慰，这让我痛上加痛。

从那以后，我的手臂在同一个位置先后骨折了六次，我一次都没告诉父母，自己咬紧牙关，默默地挺过去。我永远也忘不了第二次骨折时，我忍受着骨头纠缠着肉和筋的那种痛苦，无助地承受着，眼泪只敢往心里流。

那段日子里，我在晚上睡觉时经常被"痛醒"。手臂一会儿麻、一会儿痛……伤口在麻与痛中慢慢地愈合，可是当时的我并不知道，这种愈合是畸形的愈合。

手臂畸形愈合后，无法正常伸直，开始时我并没有觉得有异样，直到我上小学，在上体育课时，一个同学突然走到我的身边，拉着我的胳膊说："你的手臂都伸不直，还怎么做运动啊？"他响亮的声音引起了周围同学的围观，同学们纷纷靠近我并且不停地嘲笑着说："真的呀！他的胳膊长得好奇怪啊！"

从这一节课开始，我便多了一个绰号——"断臂大侠"！同学的嘲笑，给我内心带来的创伤之痛比骨折六次还要痛！也就是从那一天起，我开始变得自卑，不敢主动与同学交往，我更害怕因胳膊的畸形而被嘲笑、戏弄。当我与同学并肩前行的时候，我总感觉他们正在用异样的眼光看着我的手臂。夏天，我变得不敢穿短袖，更不敢去游泳，生怕那个畸形的手臂暴露在同学面前而引起议论。

后来，当我考上大学，看着身边的很多同学去参加“闪亮新主播”等活动时，很羡慕他们。

期间，不断有老师和同学悄悄地给我说：“你身材这么好，声音也不错，你也应该代表学校去参加比赛。”可是，内心深处的自卑，让我连报名的勇气都没有。

看着身边的同学不断地突破自我而变得越来越优秀，我就越自卑。在大一，我的心态彻底崩溃了，我开始嫉妒每一个人，我开始逃避，开始喜欢挑剔别人的毛病。这种状态持续了整整一年。

本以为在大二，我的境况会有所好转，但是命运又与我开了一个天大的玩笑：我得到了一个就读国内军校的稀缺名额，这对我来说，是多么难能可贵的机会。家乡的亲戚朋友，也对我表现出前所未有的热情。由此，我内心开始膨胀，自己也变得飘飘然，完全忘记了畸形的手臂带给我的自卑。

当初，我认为，一切都会按原计划进行，顺利进入军校。当一切都在朝着梦想发展的时候，命运之神再一次把我从高空中抛至深渊。在军校体检面试时，军医严肃地对我说：“你的身体不符合参军标准!”这句简短的话语像一把尖刀，深深刺向我的内心。

我害怕亲戚朋友问我什么时候去军校报到，害怕他们知道结果后向我投来嘲讽的目光，为了逃避这一切，我不敢回内蒙古，我独自一个人在北京的一个宾馆里，待了整整三个月……

在那段失落的日子里，生活的无力感彻底击碎了我的防线，我开始怨恨我的爸妈，为什么把我带到这个美好的世界，却不能好好地照顾我，总是让我不断地失去一次又一次的机会！我更恨命运的不公，为什么要这样戏弄我！

我的颓废、沉沦把爸妈吓坏了，妈妈甚至哭泣着对我说："只要你好好地活着，你做什么，我都支持你！"此时，为了逃避，也为了让自己冷静一下，我躲到了小时候生活的农村。

回想那段至暗时刻，我已经忘记了是怎么走出来的。直到后来，随着我站上舞台，再去审视这段经历时，我才发现，这是上天赐给我最好的礼物！为什么我年纪轻轻就可以站上舞台，给无数人创造价值？这一切都源于儿时缺少父母的陪伴、手臂骨折6次而长成畸形，读军校的希望与破灭……让我有了跟别人不一样的感受，有了跟同龄人不一样的思考方式。

那段岁月里，我承受了磨难，却也让自己的内心在无数次灵魂叩问中变得强大！那段原本让我非常痛心的经历，反而成了我可以站上演讲台、激励别人的故事。

"无腿超人"约翰·库提斯说："每个人都有自己的残疾！"而现在的我，早已不再介意别人看到我伸不直的手臂，因为我知道真正的残缺，并不是身体，而是自己内在的灵魂。如果因此而自卑，自己看不起自己，并以这个为理由让自己沉沦下去、自暴自弃，那才是真正意义上的残缺！

这只是我自己生命历程中的一个故事，当我站在演讲台上，分享这个故事时，我并没有去考虑用什么样的演讲方式、用什么样的表达技巧，我只是毫无保留地、真诚地还原曾经的我。

另外，我还经常在演讲中分享很多生命中的小故事，甚至小到“不值一提”，对此，很多人会怀疑：这样的小事情，值得在台上分享吗？实际情况是，演讲结束后，观众印象最深刻的往往就是这些小故事，会给他们以启发。

演讲时，你对观众是否真诚，不用问别人，你在演讲的过程中，自己就能感受到。对我而言，在台上分享自己的故事时，我做到了对观众敞开心扉；写这本书时，我更是对读者毫无保留。

心怀真诚，是你成为一个卓越演说家的开始！为什么我要把“真诚”放到这么高的位置？

众所周知，审美的人并不需要知道美的原理，但创造美的人必须有方法论，否则不可能持续地创造美。作为一个演说者，你一定需要持续地为观众制造出“好演说”，这就需要建立一套“好演说”的评判标准，如提供的新知识多与寡，创造的价值大与小……但是，无论你用什么标准去评判一场“演说”，但都离不开“真诚”这个评判的核心。

一、真诚，能给观众带来确定性和安全感

“信任拉近距离，真诚走进心里。”当我们真诚地向他人表达自己的所思所想时，我们的神情、态度、语气、语调都会变得很有诚意，给他人以真实之感，向他人传递出一种无形的确定性和安全感，

而这种确定性和安全感会让他人信任自己。

什么是“确定性”？这是一个有趣的心理现象。每个人的一生中都会经历很多未知的遭遇或突如其来的事情，而这些事情又往往令人不如意，就像丘吉尔曾经说过的一句话：“历史就是由一个又一个活见鬼的事件组成的。”

正因为世界充满了不确定性，所以出于对安全感的本能需求，人们会制订各种计划并付诸实施，希望每一件事情都能按照自己的意愿和预测进行。因为人们普遍认为，确定性可以带给自己稳定的状态，增加自己的安全感。

社会学家马斯洛将人的需求分为五个层次，从低到高依次为：生理需求、安全需求、社交需求、尊重需求和自我实现需求。其中，安全需求被列在第二位，仅次于生理需求。可以说，人们对安全感的追求是一种本能。当我们能够带给观众确定性，增加他们的安全感时，他们就会开始信任你。

那么，如何在演讲中，增加观众的确定性和安全感呢？演讲领域里，有一句非常重要的话：真感情，才是好文章！意思是说，你所分享的故事一定是源于你内心真诚的情感，最好是你亲身经历过、体验过的事情。只有这样，你才能够向观众深刻、鲜活地呈现这件事情。

如果讲别人的故事，哪怕故事的主角是任正非等著名成功人士，你可以把故事讲得非常精彩，但是观众并不会像听你自己的故事时那样动容。为什么呢？因为精彩的是别人的，你自己没有真实的体验，脑海里所呈现的画面和心理感受，跟分享自己的亲身经历完全不一样。

讲别人的故事时，很多场景、关系、细节都要以假设为前提条件，因为没有亲身经历过，往往是靠想象力讲故事，靠演讲的技巧和其中的内容去打动观众。一旦情感跟不上，整个故事就成了“空中楼阁”，观众感受不到你的情绪，更感受不到任何的确定性，他们的安全感又从何而来？

二、真诚，有万钧之力

自 2003 年开始，中央电视台每年年初都会推出一档充满正能量的节目，叫《感动中国》。节目里的很多演讲者和主人公，基本上都没有接受过专业的演讲训练，但他们每一次的分享都能深深地打动我们，而且这份感动往往会持续很长，甚至影响观众一生。

这并不是一种偶然现象，很多没有学过任何演讲技巧的人，让他们到台上给大家分享时，他们会显得非常紧张，连最简单的自我介绍都做不好，经常在说完自己名字之后，大脑一片空白。随后，自己更加紧张，说话结巴，分享的主题被忘得一干二净。但是，当他们分享自己生命里一些重要的事情时，往往会表现出非凡的演讲能力。

演讲要打动观众之心，需要演讲者投入百分之百的情感，而且，这些情感必须是真实的！他们既没有演讲经验，也缺乏演讲技巧，但是，他们在分享自己经历的故事时，是最真诚的表达。

这样的演讲，比讲任何成功人士、伟大人物的故事都更有力量，也更有价值和意义。

当我们讲述自己的亲身经历时，特别是讲那些让我们最刻骨铭心的故事、最值得骄傲的故事、最令我们感到幸福的故事、最痛彻心扉的故事……我们脑海里浮现出的画面都是真实存在的，我们经历过的情景就会浮现在眼前——

伤心时，我们哽咽哭泣……

喜悦时，我们会心一笑……

愤怒时，我们全身紧绷……

这种状态里的我们，不需要太多的技巧；这种场景里的听众，也不会关注什么技巧。他们会随着我们演讲时的情绪，不由自主地产生共鸣：时而惋惜、时而流泪、时而开心、时而忧愁……

我们在台上真情流露，他们在台下感同身受。这就是真诚的万钧之力，始于真诚的演讲能打破人与人之间的交流屏障，直达听众的内心，触动他们、感染他们、征服他们。

三、真诚，是实现自我价值的必经之路

作为一个演说者，做到对听众真诚就可以了吗？

回答是否定的，因为在成为一个卓越演说家的路上，还需要做到对自己的真诚：对自己的存在真诚以待、对自己的价值真诚以待、对自己的人生真诚以待！

英国伟大的喜剧大师查理·卓别林说过，人生，近看是场悲剧，远看是场喜剧。人生的境遇，就是在悲剧中看到喜剧，在喜剧中经历着悲剧，在挫折中一次又一次地爬起来，人生才会更加丰富多彩。

起起落落之中，你是否还能做到对自己的人生真诚以待？

卞之琳写过这样的经典诗句：你站在桥上看风景，看风景的人在楼上看你，明月装饰了你的窗子，你装饰了别人的梦。有人在羡慕着我们的生活，我们也在仰望着别人的生活。角色交替时，你是否还能做到对自己的存在真诚以待？

如果我们无法做到对自己的存在真诚以待，那又如何做到对自己的价值真诚以待？如何去实现自我价值？

人生就像是一场戏，每个人是戏里的主角，是上演悲剧，还是喜剧，很多时候取决于我们的一念之间。即使我们正在上演悲剧，并不代表今后的人生就是悲剧。即使我们现在上演的是喜剧，它未必会长久地伴随我们。

我们应该做的是，在悲剧的人生中找到喜剧的角色，找到命运赐予我们独一无二的武器，用这个武器全力以赴地演好这个角色，实现我们无法被人替代的独特价值。

就像我在本章开头分享自己的经历，手臂残疾的经历让我痛彻

激情演讲的作者

心扉，但也让我有了一个与众不同的标签，这就是命运赐予我的独一无二的“武器”。它激励我站上演讲舞台，为千万人提供帮助，为千万人创造价值，实现了我无可替代的自我价值。由此，我做到了对自己的真诚，我实现了自我存在的价值，而你也可以做到。

“世界上没有两片相同的树叶。”那么，世界上有没有人和你长得一模一样？即便是双胞胎，他们长得会完全一样吗？即便是在同一个家庭里长大，他们的人生会一模一样吗？

答案是否定的。研究发现，每个人都有 23 对染色体，而每对染色体的基因密码都不一样，所以人类即使经过不断地遗传，你的长相、思维、性格，乃至你的经历、所取得的成功，不会与其他人一样。

也就是说，每一个人都有自己的特征，每一个人都有自己的特殊气质，每一个人都有自己的过人之处，只是没有被激发出来，没有被挖掘出来，没有得到其他人的欣赏而已。一个独特的自己，难道不值得你去真诚对待吗？

那么，能不能做到对自我的真诚，这会对一个人产生什么影响呢？我们可以先看看下面这对双胞胎的故事。

一位记者在美国某报纸的头版新闻中看到一张照片，照片里的人是一位年轻的参议员，西装革履，年轻有为，前途一片光明。而当这位记者继续翻到这份报纸第七版时，他发现这一版里也有一张照片，而且照片里的人竟然和头版那位年轻的参议员长得几乎是一模一样，连姓氏也一样，唯一不同的是第七版照片里的人没有西装革履，而是个杀人犯。记者看到这里就猜想，他们两者是否有关系？对此，他进行了调查，最后发现他们是双胞胎兄弟，只是同一天上了新闻。

于是，这位记者先到华盛顿去采访这位年轻的参议员，问他："你为什么会有如此成就？"年轻的参议员说："我曾有一位酗酒的父亲，而且还非常喜欢赌博，回到家里只知道打我的妈妈，打我们兄弟俩。我有这样的父亲，所以一切只能靠我自己，靠我的努力去创造自己的未来。"

这位记者又到美国另一个州的监狱里,访问那位杀人犯。记者问他："你为何会沦落至此？"那位杀人犯说："我有一位酗酒的父亲，而且还非常喜欢赌博，回到家里只知道打我的妈妈，打我们兄弟俩。我有这样的父亲，我也只能这样了。"

双胞胎兄弟，面对同样糟糕的父亲，在同样糟糕的环境里长大，因为对待生命的态度不同，最终活出了完全相反的人生。

双胞胎兄弟的命运为什么反差这么大？因为他们对自我的态度不同。面对糟糕的家境，一个选择了对自我真诚以待，通过积极的努力来改变命运。另一个则选择了自暴自弃，最终沉沦、堕落。一样的家庭，一样的境遇，却活出了各自不同的人生。

世界上没有两片完全相同的叶子，也根本没有完全相同的两个人。所以，我们要清晰、明确地告诉自己：我是独一无二的，和他人完全不同。

当我们真正认识到了这一点时，就能从心底里感受到，自己生命里所发生的每一件事情都是有价值和意义的。自己就不会再拿自己的劣势跟别人的优势比较，更不会活在阴影里。

如果我们能坦然面对过去发生的一切，并且接受它，从中提炼出对别人有帮助、有启发的内容，把自己生命里那些真诚的故事分享给所有人。那么，这不仅能帮助我们成长，跨过生命中的“坎”，而且还能以自己的经历影响更多的人。这样的自己，才算是真正地实现了自己独一无二的价值。

既然我们要用自己的故事去激励更多的人，那该如何去演绎呢？根据我的经验，要演绎好自己的故事，有两个非常重要的关键点：

第一，学会用大导演的视角，看待人生中发生的每一件事情；

第二，能从这些的事情中，挖掘出真正有价值的内容。

世界上大多数人都穿着两种不同的“外衣”，第一种“外衣”上写着：我是巨星，我是成功者；第二种“外衣”上写着：我是平凡人。

绝大多数人都觉得自己很平凡，生命里没有什么特别之处，更没有什么值得骄傲的地方。抱着这种想法，慢慢习惯了一成不变的生活，随波逐流……

但是，如果我们能换一个视角，学会用大导演的眼光去观察人生，你就会发现自己的生命是波澜壮阔的。

看张艺谋、冯小刚拍的电影，你会发现，张艺谋、冯小刚总是能把一个个“小人物”，变成影片里的风云角色。哪怕只是一个平凡的乡村爱情故事，也能够演绎出荡气回肠的精彩。正因为他们的平凡、普通，让我们更容易代入，能轻易地在他们身上发现自己的影子，从而产生共鸣，进而唤醒内心深处的英雄梦。

没有绝对平淡的人生，只有没被发现的精彩。可以说，“小人物”也有“大精彩”。

美国大片为什么备受追捧？仔细观察，你就会发现里面的“大英雄”往往都是生活里的“小人物”。正因为他们的平凡、普通，让我们更容易代入，能够轻易地在他们身上发现自己的影子，产生共鸣，进而唤醒内心深处的那个英雄梦！

你为什么找不到自己生命中的亮点？你为什么总觉得自己生命中没有美的故事？那是因为你在心里就觉得自己跟别人没有多大的差别，认为自己很平凡，没有什么值得骄傲的地方，所以你就习惯了让自己平凡！

实际上，每个人每天都会遇到无数的事情，每一件事情里都烙着你独一无二的印记。

大的事情固然会给自己带来大的影响，而那些看似微不足道的小事，同样也会给自己带来价值、启发，只要你学会从一个大导演的角度看待自己的经历，才能从自己的经历中挖掘出真正的价值。

记得 6 岁那年，有一天放学后我到同学家里玩。同学的家境是很富裕的，我们买不起的学生用品，这位同学都有。记得那天，我在他的房间里，看到了一块很漂亮的橡皮，而且这块橡皮的价格很高，当时我便心生歪念，把那块橡皮偷偷地藏进了自己的书包，并带回了家。

做贼心虚的我，特别害怕妈妈看到这块橡皮，一旦被发现，肯定会知道我是从别人家里偷拿的。无巧不成书，蹑手蹑脚回到家的我，没多久，就被妈妈发现了不对劲。几句严厉的质问，我便败下阵来，如实交代了一切……

妈妈的眼睛顿时瞪得大大的，我怯生生地看着妈妈，心想："完了，今天又要挨打了。"可是，让我感到惊讶的是，妈妈居然没有打我，而是压抑着怒火，对我说："赶紧把橡皮送回去！"

听到这句话，当时心里还有些小庆幸，以为逃过一劫。可当走出家门，真的要把偷来的橡皮送回去的时候，我觉得备受煎熬，因为我知道，偷东西是一件很可耻、很丢人、很不应该做的事。

在路上，内心羞愧的我越走越慢，5 分钟的步程，我足足走了 20 多分钟。到了同学家门口，我战战兢兢地敲门，听见里面有走出来的脚步声，我瞬间失去了面对的勇气，赶紧把橡皮放在门口，转身躲到角落里，看着同学的妈妈把橡皮捡了回去，我在角落里坐了很久……

从那之后，我再也没偷拿过别人任何东西。这也让我对做事，有了更加清晰的是非观念。

这只是一件微不足道的小事，或许你也曾经有过类似的经历。这个看起来平淡无奇的小故事，当我把它分享给听众后，大家可以看到一个孩子的诚实观是怎么建立的，也看到了一个母亲的智慧：如果那天我被打了，可能会因为叛逆而犯下更大的错。在送完橡皮之后回家的路上，其实内心也在不断战胜着逃避、愤怒、恐惧的情绪。现在回想起来，那真是个无比艰难的过程，但也正是因为经历了，才真的懂得什么叫羞耻心。每个人都要为自己的选择承担责任，无论这个选择会产生什么结果，都要自己承担。

你看，这就是小事情里蕴含的大道理，只要你能够把其中的关键点提炼出来，并分享出去，将给自己和听众带来巨大的价值和启发！

现在，你可以回想一下，自己过往的经历，有哪些是生命之最？把故事写下来，尤其把自己的一些体会写下来，提炼出对他人有价值的关键点，然后分享给更多的人。

这样的分享，不仅能让我们的演讲有厚度、有活力，让听众感受到我们生命的丰满、有趣，而且还能带给他们启迪和价值。这也是让听众信任你的方式之一。

当然，这一切都离不开一个出发点：真诚。

真——正心之始，不容偏离！

本章作业

1. 请写出你的 3 个“生命之最”故事。

（1）最精彩的故事。

（2）最值得骄傲的故事。

（3）最幸福的故事。

在写的过程中，尽可能地详细描述当时的情景和你的所思所想，不要跟别人比较。

2. 请从上述 3 个“生命之最”的故事里，总结出 2 个非常重要的体会。

通过这些事情，你体会到了什么？学习到了什么？对你日后的成长带来什么价值？

3. 练习演讲上述 3 个“生命之最”的故事。

每天去找 6 个人，将这 3 个“生命之最”的故事，分别跟他们分享。分享完后，询问他们各自的感受，不断改进，直到某一天你讲到精彩的环节时，他们会大笑；讲到感动的环节时，他们会流泪；讲到紧张的环节时，他们会紧握双拳……这样，你就可以分享给更多的听众了。

Chapter

03

第三章

勇 · 正心之光

勇气是什么？它是前行路上的补给站。

找到它，我们可以披荆斩棘，一往无前。

遗落它，我们往往踌躇犹豫，止步不前。

生活之勇，直面磨难；为人之勇，直面缺憾；正心之勇，直面失败。

1972年，一些科学家聚在一起，花了数十天的研究，得出一个结论：如果宇宙是完美的，那么就没有今天各个星球的存在。幸运的是，正是因为宇宙的不完美，所以才导致星球在形成前以气体形态存在时，相互之间的引力不一样，然后分别聚拢，逐渐形成了各个星球，诞生了万物，才有了我们人类。所以，科学家给出了宇宙中最基本的一条定理：宇宙中没有东西是完美的，完美并不存在！

既然宇宙万物都不是完美的：地球不是完美的圆形；月亮也有阴晴圆缺；花朵绽放最美之时，也是它迈向凋谢的一刻……那我们人类呢？几乎所有人都希望做出完美的事，遇见完美的人，创造完美的物，大家都在追求“完美”，追求一种不存在于现实世界之中、只存在于想象中的完美。

最终，结果又会如何？可能我们千方百计地做出各种努力，力求把每一件事情都做好，甚至做得更好。可是，面对错综复杂的情况，并没有人能永远不犯错，多少总会留下一些遗憾，甚至失误。很显然，不存在十全十美的事，也不会有十全十美的人。

人无完人，这句话说出来简单，道理也很简单，但要真正接纳这种“不完美”，却需要莫大的勇气。因为要做到这一点，首先必须能“在完美中打破”！

这个“打破”的动作，如果是针对别人，并不难做到。比如，我介绍一个女孩子给你认识，并且告诉你，她非常完美，没有任何缺点，从外貌到性格，从谈吐到形态，从工作到家庭条件，各方面都十全十美！你相信吗？你觉得真的会有这样的人吗？

你可能希望有这样的人存在，但你并不相信真有一个十全十美的人存在，而这种不相信，打破了你对这个条件的信任，也打破了你对这个条件传播者的信任。

为什么很多保健品公司无法取得大家的信任？因为他们在推销产品的时候，讲得天花乱坠，把自己的保健品说得“功效奇佳、包治百病”，好像世界上没有他们解决不了的健康问题。

事实上，越是“十全十美”的保健品，越容易引起你的怀疑：这个保健品效果如果真的这么好，还用到处推销吗？所以，当你心里有了这种疑问时，你就会对他们推销的保健品产生怀疑，继而对推销员不信任，甚至反感。

既然你很容易打破别人的“完美”，换位思考一下：别人，是不是也很容易打破你的“完美”呢？答案是肯定的。拿演讲来说，当你站上舞台，面对台下的听众，不断地告诉他们：你的生命多么璀璨、你的能力多么卓越、你的资源多么丰富、你的光环多么耀眼……你不停地把自己最好的一面展示，甚至炫耀，一个“十全十美”的你，真的能打动听众吗？

不！更有可能发生的是：你的“完美”被听众打破，而他们对你的信任也随之破灭。如果听众对你连信任都没有了，又怎能打动他们？

为什么会这样？其实我们完全可以想象一下，如果是你坐在台下，听到这样的内容，你会有什么感觉？你一定会觉得，就算台上那个人很厉害，这跟我有什么关系？他再有钱，也不会把钱给我；再成功，也不能让我成功！我为什么要相信他？

看似完美的你，只能获得观众表面上的“佩服”，却无法获得他们发自内心的认可。假设台下有100位观众，多数的人不会相信你说的话，他们会从你身上找出一堆问题。即使有几位观众认可了你的优秀、你的完美，他们也会和你产生距离感，因为你只是一个高高在上的“偶像”而已，并不能给他们带来任何实质性的帮助。

在这方面，我自己是深有体会的。刚站上舞台时，我也总是想把自己最完美的一面展现给每位观众，说每一句话、做每一个动作，都是小心翼翼，生怕出一点纰漏，影响了自己的“完美”形象。这反而给了我很大的心理压力，越想做到完美，就越容易出现纰漏。不仅如此，有时我与台下的观众聊天时，明显地感觉到，我们之间已经有了一种莫名的距离感。

做得更好、追求完美，这是人的一种天性。正是因为这个原因，我们是很难接纳“不完美”的。想象一下，你有没有勇气在千百人面前自曝其短？你有没有勇气在千百人面前承认自己的失败，甚至分享自己的失败？

虽然世界上没有常胜将军，大部分的人却不敢讲自己的失败，因为他会有各种担心：如果我讲了自己失败的故事，他们会不会瞧不起我？会不会嘲笑我？会不会因此影响我的形象……

讲自己失败的故事，到底会不会影响我们的“完美”形象？不妨看看那些成功人士都是怎么做的——据我观察，很多知名人士在演讲时也会“自曝其短”，有时会“自嘲”，甚至直接分享他们经历过的失败故事。而这些内容，不但没有影响他们的形象，反而成了最容易与观众产生连接的内容！因为观众会觉得这些成功人士很真实，不是那么高高在上，与自己的距离被瞬间拉近了。

众所周知，大家都知道马云长得很“特别”，但是他并没有刻意回避这一点，反而经常会在公众场合“自嘲”：很感谢父母给了我特别的面孔，让你们都记住了我。即便成功如马云，都允许自己身上存在着不完美，这种缺憾不仅不会拉低他们的形象，而且还会让他们更接地气，获得更多的人支持。当然，这也能看出他们内心的强大，他们有足够的勇气，直面自己的“不完美”。

既然成功之人可以通过自曝其短，把缺憾变成“财富”，增强自己的影响力。那么，作为演讲者，我们又可以怎么做呢？不一定用同样的方式，但需要同样的勇气：我们要有直面失败经历的勇气，敢于承认自己的失败、分享自己的失败，从失败中找到价值，把失败变成财富。

其实，讲好自己失败的故事，会加速听众对你的信任。当然，如果你讲得不好，他们对你的信任度也会大幅下滑。如果你能以讲自己的失败故事去赢得大家的信任，那你演讲的路子就会越走越宽。

那么，到底该怎么讲自己失败的故事，增加别人对你的信赖度呢？接下来，我就教大家如何成功地讲好自己失败的故事。

第一个关键点：直面失败时，你必须要做到谦虚！

你要做的第一件事情就是：用谦虚的姿态去分析自己失败的经历。你一定要找到自己失败的原因，要对这个故事理解透彻。然后，你再去研究：跟大家分享时，应该如何表达？如何更能吸引大家的注意力？

你要总结出这个失败的故事，给你带来什么意义，又能给观众带来什么启发。你必须要在“完美中打破”这个点上做文章，要详细地分析和准备，才能把失败的故事演讲得淋漓尽致。

第二个关键点：直面失败时，你必须要有坦诚的勇气！

既然是接纳自己的失败，那就做到完全接纳，怀着坦诚的态度对观众讲述整个失败的过程。如果在讲述的过程中，你总是遮掩自己的失败，甚至还想证明不是自己的错，那只能是欲盖弥彰，适得其反，让观众更加不信任你。

因为你没做到坦诚地面对自己的失败，你就无法坦诚地面对自己的内心，你的言语中一定会露出破绽，甚至出现自相矛盾的情况。一旦你不能自圆其说，不能合情合理地消除观众的疑问，观众就会觉得你说的内容不真实，漏洞百出，对你前面的话产生怀疑，那他们再也不会相信你后面的任何一句话！

坦然面对失败，是一个人内心强大的表现。每个人都失败过，没有什么大不了，不少伟人和发明家也顶着旁人的嘲笑和指责，不断接受挑战，最终走向辉煌的。所以，我们这点挫折又算得了什么？当你能这样想的时候，你就会变得更加坦诚。

第三个关键点：直面失败时，你必须要有担当精神！

在讲失败的故事时，一定要把握一个核心：失败的责任在你，你是失败的责任者。为什么要这么做？因为只有让大家看到你勇于面对自己的失败，勇于承担自己的责任，勇于做出改变和成长，大家才会佩服你，才会信任你，并且对你的未来充满期待。

反之，如果这个失败故事的“责任者”不是你，而是别人，那么这个故事就不会是一个令你有所成长、令观众有所收获的故事！

切记，所有的改变和成长，都源于你意识到自己就是这个失败的最重要的责任者和承担者！

比如，你告诉观众，我今天跟合伙人合作失败了。然后，你仔细地讲述整个合作过程，但最后得出的结论是这个合伙人欺骗了你，你只是一个被骗的人。

请问，这个失败的故事会令你有所成长吗？这个故事会让你赢得大家的信任吗？不会，因为你并没有去担当属于你的责任。

在这里，我想把自己刚到上海时的一次失败经历，分享给大家，希望能帮助大家讲好自己失败的故事。

初到上海时，我结识了一位朋友，我们虽然年龄相仿，但他举手投足之间显得十分成熟、稳重，让我对他有一种说不出来的信任。不久，这位朋友便向我推荐一个投资项目，并对我说："你一个人在上海不容易，有钱大家一起赚。"当时，这真让我有种他乡遇故知的感觉，毫不犹豫地把一百万资金全盘杀入。

三个月后，所有的投资人都没有获得预期的回报，而负面的声音越来越多。起初，我带着疑惑，去找那位朋友时，他还花言巧语地搪塞我，后来他的态度大反转，所谓的"兄弟情义"在瞬间烟消云散，带给我的只是人心叵测和世态炎凉。终于，我不得不承认，这从头到尾都是一场"骗局"，那一刻我抱怨、愤怒、歇斯底里地谩骂，心中满是仇恨……

在此后的很长一段时间里，虽然我表面平静，可每次听到类似的新闻时总是愤愤不平，我知道自己并没有真得平复。时间是一面镜子，折射了时间，也让我看清了自己。也许是阅历的增长，也许是演讲这些年更明事理，我开始尝试用平常心来面对这件事。我想世间万事万物皆有因果，如果说能驾驭广阔的舞台是我的果，那么我的因就是那些无论多么煎熬，都咬牙坚持的日夜。而如果说被骗是我的果，那么我的因又是什么呢？是朋友告诉我这个信息吗？不，他只是告诉我，并没有强迫我，真正做这个选择的是我自己，而究其根本，还是我那想不劳而获的贪念！这贪念让我彻底失去了理智，不仅非常草率地投资了一个自己完全不懂的领域，甚至在投资后连一份合同都没有签署，如此下场也不能责怪任何人，好在值得庆幸的是，从敢于面对的那一刻起，我开始慢慢让自己释怀。

正是因为经历了这件事情，此后的日子里，我愈发明白人生如同四季，没有经过春天的耕耘，怎么会有秋天的收获，没有收获又将如何在严冬中获得滋养，做好迎接下一个春天的准备？每个成功的人，他们都能坦然面对这样的循环，如果我的秋天还没有到来，那就静下心来在夏天里继续学习、成长、等待，每一个在夏天里坚守的人，我深信会迎来自己的秋天。

如果在讲这个故事时，我一开始就为自己辩解：他欺骗我，他人品不好……观众会有什么感觉？观众会觉得：这个人太容易被骗了。

那么，他们还会被我的演讲打动吗？还会信任我吗？一定不会。

但是，当我告诉大家，所有的责任都归于我时，这个故事就能给大家带来价值。第一，不要随便投资自己不懂的领域，更不能靠感情做事业。第二，在起草投资协议时，一定要聘请专业的律师，以保护彼此之间的合作关系。第三，一个人的成功是没有捷径的，贪念只会让自己更加贫穷。

当我担起自己该负的责任时，我在失败的经历中得到了锻炼，也通过分享这个故事给大家以启发，甚至帮助，这就是讲好了一个失败的故事。

生活中，很多人都经历过感情失败，但是很少有人愿意对此负责。大部分人会一直强调，这都是对方的错，都是对方的责任……请问，在这段失败的感情里，你的责任又在哪里？你的错又在哪里呢？如果你不能勇于承担的话，观众看到的是你的逃避，又怎么可能信任你？

不仅你无法赢得观众的信任，又因为你没有担当责任的勇气，你会有意识地回避自己的错误，这会让你一直处在一个持续失败的境地。

一些夫妻因为关系不好，长期处于冷战或者争吵的状态，为什么一直都调解不好？因为双方都不愿意承担责任，都把责任推到了对方身上。老公说："她不改变，我怎么改变，都是她的问题！我改变不了，那还不是因为她？"老婆又会说："他不改变，我再怎么改变也没有用……"

你看，在这段对话当中，他们都把责任推给了对方，完全没有意识到自己应该承担的责任。既然两个人都“没有错”，那婚姻最终以失败而收场！推卸责任无法让人成长，更不用说帮助别人成长和实现价值了。

第四个关键点：直面失败时，你必须要有所改变！

在讲述失败的故事时，你一定要告诉观众：经过这次失败后，你做了一个怎样的全新决定。你有没有树立起一个全新的信念？在这个信念下，你又付诸了怎样的行动？

如果你没有任何改变，就只会重复过去的行为，同样的失败还会发生。这样的分享对观众来说，毫无意义、毫无价值。

观众只有看到你树立了新的信念，做出了新的选择，并且还付诸了行动，他们才会对你的改变有新的期待。

正如我上面分享的“被骗 100 万”的故事，这件事让我明白了要“先小人后君子”。在商业的世界里，如果太过感情用事，忽略了商业的规则，不利用法律保护利益，往往没有好结果。所以，我有了一个全新的决定：未来，无论跟谁合作，都要提前做好君子协定。

这个全新的决定，不仅对我，对每一个听到这个故事的人都会有一个巨大的启发。

又比如前面我提到了，我小时候因为调皮，导致手臂在同一个位置骨折六次，最终导致畸形愈合，手臂无法伸直。这也是我生命中非常遗憾的事，因为这种缺憾让我从小就很自卑，到了夏天不敢穿短袖。

但是后来，“无腿超人”约翰·库提斯的一句话让我醒悟过来：每个人都有自己的残疾！我不敢穿短袖的真正原因是有心理阴影，害怕别人说我是一个“残缺”的人。其实真正的残疾并不是身体上的残疾，而是内心对自己的不认可、对自己的轻视，这才是人生真正的残疾！

第五个关键点：直面失败时，你一定要有结果！

在讲失败的故事时，你一定要告诉观众，经历这次失败后，你最终取得了怎样的结果。结果有两种，第一种就是你最终反败为胜了，也就是你现在已经突破了失败的障碍，并且取得了很好的结果，你的人生从此不一样了。那么，观众听起来就会觉得你很棒，因为所有人都喜欢听反败为胜的故事。尤其在你身上，观众感觉到了你面对挑战而有不屈不挠的精神，观众会更加佩服你。

第二种结果，就是你还没有反败为胜，还处在失败当中，那怎么办呢？没有关系，这时你必须要向观众表明：你的态度和决心，你一定会经过不懈的努力，最终会达到自己想要的结果。

前面讲到的五点，就是讲好自己失败故事的五个关键点。每个人，都可以在失败中成长，都可以把失败变成财富。所以，不要害怕讲述自己失败的故事，生命中最精彩、最吸引、最容易赢得观众信任的恰恰就是“反败为胜”的故事。

众所周知，一个不断地塑造自己“完美”的人，一定比不上一个勇于“在完美中打破”的人。因为后者更需要勇气，而有勇气的人，更容易获得观众的信任。

勇——正心之光，照亮前路！

最后，用苹果公司创始人斯蒂芬·乔布斯的一次分享自己失败的故事，作为本章的结束内容。

乔布斯不但是一位伟大的发明家、商业奇才，更是一位伟大的演说家，他在讲述从失败到成功的经历时，总能够让观众跟着他同频共振，为他的坚韧而鼓掌，为他的反败为胜而赞叹。每次重温他的下面这段演讲，总能够给我带来激励，希望也能给大家带来启发。

我非常幸运，因为我很早就找到了我钟爱的东西。我和伙伴 Woz 在我们 20 岁的时候，在车库里面开创了苹果公司。我们工作得很努力，10 年之后，这个公司从两个穷小子发展到了超过 4 000 名雇员、价值超过20亿美元的公司。

在我快到30岁的时候，那一年，我被炒了鱿鱼。可能你们很奇怪，我怎么会被自己创办的公司炒了鱿鱼呢？事情是这样的，在苹果快速发展时，我们聘请了一个很有天赋的经理人和我一起管理公司。在最初的几年，公司运转得很好，但是后来我们的意见发生了分歧，当我们争吵到不可开交的时候，董事会站在了他那一边。所以，在30岁时，我在众目睽睽之下被炒了鱿鱼。这对于我来说，真是毁灭性的打击。

在最初的几个月里，我真不知道该做些什么，我觉得我令上一代的创业家很失望，我把他们交给我的接力棒弄丢了。我和创办惠普的David以及创办Intel的Bob道歉，因为我把事情弄糟了。但是，我渐渐地发现了曙光，尽管我被苹果公司驱逐了，但是我仍然钟爱我所做的事情，所以我决定从头再来。

我当时没有觉得，后来发现，被苹果公司炒鱿鱼是我这辈子遇到的最棒的事情。因为这段时间，我没有了负重感，让我觉得很自由，因此进入了我生命中最有创造力的一个阶段。

在接下来的5年，我创办了NeXT公司，还有Pixar公司，然后和一个后来成为我妻子的优雅女人Laurence相识。Pixar制作了世界上第一个用电脑制作的动画电影《玩具总动员》，是世界上最成功的电脑制作工作室。后来，苹果公司收购了NeXT，因此我又回到了苹果公司。

当时我们在NeXT发展的技术，在苹果公司复兴之中发挥了极为关键的作用。而且，我还和Laurence一起建立了一个幸福完美的家庭。

我可以非常肯定，如果我不被苹果公司开除的话，这些事情也不会发生。虽然有时候，生活会拿起一块砖头向你的脑袋砸一下，但是，请记住，不要失去你的信仰。

我很清楚唯一使我一直走下去的，就是我对自己所做的事情无比钟爱。因此，你需要找到你所钟爱的东西，无论是工作，还是你的爱人。工作将会占据生命中最多的时间，你只有相信自己所做的事情是伟大的，你才能怡然自得。如果你现在还没有找到，那么不要停下来，全心全意地去找，直到你找到。此时，你的心就会告诉你的，像任何真诚的关系，随着岁月的流逝只会越来越紧密。因此，继续找，直到你找到它，不要停下来。

本章作业

1. 到现在为止，让你感到痛彻心扉的三次失败分别是什么？

2. 在这三次失败当中，你应负起什么样的责任？

3. 通过这三次失败，你学到了什么？你会做出哪些全新的决定？

4. 你现在有了哪些不同的结果、态度和信念呢？

Chapter

04

第四章

势·正心之慧

势，无有形之实，有无形之力。

顺势而行，如东风助力，直挂云帆济沧海。

逆势而为，似负重前行，虚负凌云万丈才。

山河之势，顶天立地；人生之势，跌宕起伏；正心之势，厚积薄发。

在我刚登台的时候，我多次跟出道于《星光大道》的嘉宾一起，同台演讲、做活动。众所周知，从《星光大道》里脱颖而出的多是默默无闻的艺人，他们与一线的明星相比，还是有些差别的。当我与这些人同台做活动时，很多观众在后台见到我，便会直截了当地冲上来，拉着我的手说："王顺老师，我们合个影吧！"然后，也不管我是否同意，他们拿出手机就拍照。

2012 年，我有幸与著名影星黄圣依一起同台演讲、同台做活动。这一次，观众对我的态度却完全不一样了。他们在后台看到我时，都会毕恭毕敬地先问一句："王老师，可不可以跟您合照？"征得我的同意之后，才会过来合影。

为什么两场活动里的观众对我的态度会出现如此巨大的反差？一切都源于在台上与我搭档的嘉宾，是他们身份的不同，引发了观众对我态度的变化。当我与《星光大道》里的嘉宾一起参加某个活动时，大家看我的目光和看这些嘉宾的目光差不多。但是，当我与黄圣依这个级别的明星在一起时，大家又自然地在我们之间画上等号，觉得我和她一样，也是有着一线影响力的明星。

因为身边搭档的不同，我自身的影响力也有了变化。或者说，当时我借著名影星黄圣依的影响力，又改变了观众对我的态度。

其实，每个人都有影响力，只不过，有些人的影响力距离我们太远，甚至是不可及的，我们即便想借其影响力，也无从借起。而有些有影响力的人，可能和我们分属不同的领域，很难产生交集，也成不了我们的助力。

但是不管怎样，你能走到什么高度、你能收获多少，这不仅取决于你努力的方向、努力的程度，而且还与你对“借力”的把握有关。

对一个演说者来说，与“借力”的关系更是密不可分。大家不妨想一下，当你站上舞台，面对着台下的众多观众，用你的语言、动作、发自内心的真诚情感带动他们、影响他们、启发他们。这时的你，就是全场的影响力中心。

一个卓越的演说家，一定是一个能把握影响力的高手。我们经常看到这样的场面：一些著名的演说家，一个简单的出场亮相，甚至不需要语言，就会成为全场的焦点。为什么会这样？因为他们身上表现出来的气场、带有自己的“力”，更有把握影响力的大智慧。

不过，任何外来的影响力都是无法被你凭空借到的，如果你自己没有足够的底蕴，那借其影响力就成了天方夜谭。就像在前面讲的小故事，如果我没有登上舞台的资格，我又怎么可能借到黄圣依的影响力呢？

因此，在借助他人影响力之前，我们首先要做的一件事是蓄力。加深自己的底蕴、提升自己的能力、强化自己的技能……尽自己最大的努力，让自己尽可能地变强。

厚积薄发，这才是一个演说者应有的正心之力。

当然，变强是大多数人的本能追求，因为我们都想拥有一个美好的人生，都想获得丰硕的成果。那么，到底该怎么做，我们才能成功地完成人生的“蓄力”，收获自己的成果呢？下面的三个目标，是你收获成功的前提条件。

第一，必须要有人生的蓝图。

什么是“人生蓝图”？简单地说，就是关于未来发展的规划。没有规划的人生只能叫拼图，有规划的人生才能叫蓝图；没有蓝图的人是在流浪，有蓝图的人才能远航。

人的发展愿景不是千篇一律的，我们需要结合自身的性格、优势、弱点、资源等方面，来规划自己的发展方向，就好比说：

如果你不能成为一棵参天大树，那也不用强求，你可以选择做一丛灌木；

如果你不能成为高速公路，你可以选择做一条小路；

如果你不能成为太阳，你就选择做最明亮的那颗星星。

但是，无论如何，你都需要有一份适合自己的人生蓝图，这是你取得成功最重要、最关键的前提条件！

“不积跬步，无以至千里”，当我们有了人生的蓝图，我们就有了起步的方向，接下来就是全力以赴地做好它——

如果你不会飞，那就跑！

如果你不能跑，那就走！

如果你不会走，那就爬！

用你极限的努力，朝着你规划好的人生蓝图不断前进。这个努力的过程，将决定你在每个阶段所取得的进步。这些进步累积起来，必定能成就你的人生！

第二，必须要有良好的人生状态。

人的状态，就是我们在完成“人生蓝图”的过程中所保持的精神状态，包括完成的决心有多大、完成的信念有多强；能不能严格管理自己、要求自己；遇到困难挫折时，能不能迎难而上，完成既定的目标；遇到新事物时，能不能虚心学习，愿意借助更好的方式去达成目标……

如果说“人生蓝图”指引着我们该往哪里去、怎么达到，那么，人的状态就是我们前进路上的能量保障。这就好比开一辆汽车，如果添加的是劣质汽油，不仅提高不了汽车的速度，反而还会对汽车造成伤害；如果添加的是高品质汽油，那么汽车的速度就能够提高到极致。

人的良好状态，能让我们全速前进，可以帮助我们以最高的效率抵达目的地。

第三，必须要有过硬的技能。

当我们有了努力的方向，也具备了良好的状态，那就需要我们再去掌握高超的技能、娴熟的技术，以帮助我们实现人生的目标。如果说人生的蓝图和良好的状态是“结果”，那么“高超的技能”就是“方法”。只有方法得当，才能让你更上一层楼，走向美好的人生。

如果你是管理者，你应该学习高明的管理技巧，帮助你做好管理工作；如果你负责销售业务，你应该熟悉客户的心理，熟练掌握营销方法，帮助你开拓市场；如果你是技术人员，你更应该掌握专业相关技能，帮助客户解决技术问题，帮助企业研发新的产品，使企业具有创新力……

“方法”，没有绝对的高下和优劣之分。适合你的，就是对你有价值的，找到它、熟悉它并把它锤炼到足够过硬的程度。

当你满足了上述三个条件时，说明你已经完成了人生中的蓄力。

那么，接下来，你是不是就顺利地进入事业上升期，快速地实现自己的人生目标了？

可是，现实情况又是怎样呢？我们看到更多的是：很多人早已找准了自己的方向，还拥有非常高超的技能，而且每一天都充满活力，但他们发展的步伐还是那么缓慢。

这又是为什么？根本原因在于，他们完成蓄势之后，一直靠自己的力量打拼，从没有借助过别人的帮助，或者还没遇到能够扶他上马、送他一程，能让他们快速的到达目的地的“伯乐”。也就是说，他们还没有做到“借力”成长，或者说还不会“借力”！

那么接下来，我要给大家分享的是“借力”的智慧——站在巨人的肩膀上，快速地获得别人的信任，快速地走向成功。

著名的物理学家牛顿说过，如果说我比别人看得更远，那是因为我站在巨人的肩膀上。牛顿之所以这么说，是因为他的研究主要是以伽利略、哥白尼等科学家的成果为基础，并加上他自己的努力，最终才有了伟大的成就。所以，联合国为了纪念伽利略的成就，特地将 2009 年设立为“国际天文年”，并选了《巨人的肩膀》作为纪念他的主题曲。

毫无疑问，每一个用了一生的时间和精力，把自己打造成了巨人，让自己能够站在更高的维度去看世界。而我们呢？如果想要看到同样的“风景”，只能把自己也打造成巨人吗？当然不是，牛顿已经给我们做出了示范，善用身边的资源，借助比你更强大的关系，直接站到“巨人的肩膀”上，你也能站的更高、看得更远。

那么，作为一个演讲者，我们到底要怎么做，才能站上“巨人的肩膀”呢？你要做的第一件事情就是：

告诉大家，你和谁在一起！

或许你在自身领域有着超强的影响力以及高超的专业技术，但是这些并不能快速地吸引观众的注意力。为了你的演讲能更好地吸引观众，你需要的是站在有影响力的人的身边。

假设当我看到你站在马云身边时，那么我便会认为，你或许也是一位商业精英，从而不由自主地将商业标签贴在你身上。

假设你有幸被邀请参加各大时尚展览会，那么我便会认为，你是一位拥有时尚嗅觉的人物。

假设你常出现在舞台并与众多影视明星合影，那么我便会认为，你在娱乐圈拥有一定的人力资源。

这便是“巨人”的力量。当“巨人”的光芒可以给予你一定的社会影响力时，那么我们便可以利用这种力量来吸引观众的注意力，让他们加深对自己的印象。也许你会对此抱有疑惑，那不妨来看看我所经历过的故事。

由于热衷于演讲，我马不停蹄地苦练自己的表达力、表演张力，但我的出场费仍然很低。但是当我与黄圣依、赵又廷等众多明星同台演讲后，我的出场费翻了十倍之多。这就是很典型的“名人效应”。只要我们善于运用这种效应，我们一定会给自己的个人形象、企业品牌带来巨大的价值提升。如果你能收集一些与名人在一起的照片，并在你演讲的过程中播放出来，那么你对观众的吸引力将大幅提升。

如果你目前没有这方面的素材，你不妨多关注相关的活动信息，比如，电视节目的录制、慈善晚宴、电影节和音乐节的信息，还有企业家、大咖们参加论坛、峰会或者演讲会的时间、地点等，然后想方设法在节目开始的当天到达现场，拉近你与他们的距离。

在活动结束后，你可以征求这些人与你合影，如果他们拒绝，你也可以留下会场的票根用以证明你曾经与这些人同台出席过活动。当你在演讲的过程中把这些证据展示给观众，观众便自然而然地提升对你好感度与信任度，从而增加演讲的影响力。

告诉大家，你和谁有深层次连接！

得到一张与名人的合影不算是难事，但是如果你让观众知道你与名人有更深的来往，那么，我相信，观众将会再一次“臣服”于你。

我的恩师许伯恺，在 29 年的职业生涯中创造了非常多的奇迹：总共刷新了 27 项行业纪录，其中 12 项是世界纪录；并多次受邀到哈佛大学、斯坦福大学演讲；是中国教育培训界第一个个人经历被拍成电影和电视剧的老师。此外，还与山东卫视合作举办原创性的演讲节目《精彩中国说》，并在鸟巢举办 8 万人演说总决赛等。

许伯恺老师作为众多明星的演说导师，又格外受到尊重。许伯恺老师在演讲中与观众分享自己的故事时，观众自然会对他十分崇拜，而作为弟子的我，也就自然而然地获得了师父的光环，这就是“名人效应”。

如果你能将“名人效应”的这种策略应用到实际中，那么你便会发现其影响力不亚于广告宣传。当然，起初你会发现不知道在演讲中如何运用这个策略，为此抱有疑惑。现在，我以亲身经历的事情为例，告诉大家如何将此策略应用到实战中。

也许，你去看过一场万人的演唱会，你在欢悦的人群中找寻自身的乐趣。那么，你是否看过一场万人的演讲会呢？相对于演唱会而言，拥有万人的观众不足为奇，但是一场演讲会能拥有万人的聆听者，则证明了这场演讲会是具有重大影响力的。

一次偶然的机会，我有幸第一次参加了许伯恺老师举办的万人演讲会。直到现在，我依然记得那次演讲会带给我的震慑力。

演讲会开始的那天，我为了不错过任何一个环节，我便提前到达现场等候验票进门。当我到达场馆时，我发现已经有很多观众在此等候。除此以外，我还留意到在等候的人群中，有很多来自不同国家的面孔。为此，我深感疑惑，到底是怎样的一位老师能够汇聚不同国家的观众，不远万里来参加这个演讲会呢？起初，我以为这可能是借助了宣传的力量，让不同的观众不远万里来到现场，直到我进入会场聆听了许伯恺的演讲会，我才明白，他们为何要不远万里来听演讲会，害怕错过，甚至凌晨就排队等候演讲会的开始。

随着开场时间到来，我跟随着人群缓慢地进入会场，当我来到观众席上，我发现里面早已人山人海、座无虚席，我纳闷为何许伯恺老师的影响力如此巨大？

作者与恩师许伯恺（左）合影

随着时间的推移，演讲会终于开始，当许伯恺老师西装革履、优雅从容地走上演讲台时，台下的观众激动地站起身来，为许老师送上最炽热的掌声。随着演讲的开始，观众全神贯注地聆听着许老师讲述自己10多年来演讲的心路历程。最让我记忆犹新的是，许老师早在14年前便立志要举办一场万人的演讲会。在当时的演讲界，观众的最多场次也仅仅只有两千人。许老师在演讲会上坦言："当时我们团队只有五人，我仍然记得当时我把这个愿望告诉他们时，他们面面相觑、不可思议。"甚至，有人直接站出来对着许老师说："怎么可能！这简直就是异想天开，最大的场次观众人数也就两千人，你这样的无名小卒凭什么能举办一场万人演讲会?"此时，没人会相信许老师会实现这样的愿望。但是，许老师对此从未放弃。

许老师带领着团队，一路披肩斩棘，终于在上海的八万人体育馆，成功举办了五万人的演讲会。一路走来，风雨兼程，许伯恺老师的励志故事被拍成了电视剧《下一个奇迹》，并邀请到谢霆锋和张卫健等明星出演本片，让更多的观众能从影片中感受到：实现梦想的毅力以及演讲的力量。更加不可思议的是，在这场活动的最后一天，许老师正式对外发布了他的新计划：与江苏卫视合作，开办首档明星演说真人秀《说出我世界》。而这档节目云集了像姚明、刘谦、李云迪、李玉刚等60位一线明星。在发布仪式上，我还看到了"鸟叔"来到现场倾情助力。

而创办这档节目的初心，便是为了借明星之力而勇敢地讲出自己生命故事，让更多人了解演讲的真正价值，并通过演讲，为自己插上梦想的翅膀。

人的一生并不是一帆风顺的，许老师亦是如此。在过去，演讲在别人看来是一件无趣且毫无意义的事情。在这样的环境下，许老师从未放弃，他历经低谷、与抑郁症做抗争，直到现在站在万人瞩目的演讲台上，成为无数人心中的模范。他不曾言弃以及为梦想付诸巨大努力的精神，深深地感染了我。他真诚的演说点燃了我心中的演说之梦，让我在内心萌生了走上演讲之路的萌芽。

在你专心聆听演讲者的内心故事时，你便开始萌生出自己的理想，并想方设法地实现它。这就是演讲的价值所在。

正是因为参加了这场演讲会，让我重拾最初的梦想，重燃内心对舞台的渴望，我立志要站上演讲台，成为和许老师一样的超级演说家。从此之后，我便不断地为此努力。在我不懈地努力下，我得到了命运之神的眷顾以及许老师的青睐，最后如愿成为了许老师的弟子。

当我再次回到演讲界，我又成了一名新人，但这次与以前截然不同的是，作为弟子的我得到了师父星光的庇护。有了许伯恺老师的影响力，我获得了飞速的成长以及许多未曾想象的机遇。

当然，和名人有了更深层次的联系之后，这并不是终点。如果有可能的话，你完全可以再进一步，做第三件事情：

告诉大家，你和谁产生了全新的合作！

这里还是要提到我的两位老师。

江苏卫视有一档节目叫《说出我世界》，先后为60多位明星提供了演讲方面的辅导，帮助他们通过演说，让更多观众了解他们背后的故事，也让更多人认识到了演讲的价值。而这档节目，就是我的师父许伯恺和梁凯恩一起与江苏卫视合办的！有这样的合作，有这样的故事，有这样的背书，许老师和梁老师的演讲是不是更有厚度？观众对他们的信赖是不是更加毫无保留？

现在，我们再来回顾一下站上“巨人的肩膀”的过程。

第一，你要想尽一切办法取得跟名人在一起的资料、证据，比如，合照、视频等。

第二，你要想办法跟他们产生进一步的连接，哪怕只是跟他们交谈、聊天，或者围绕着一个话题、观点去讨论，甚至只是跟他们说了一句话，你都要想办法告诉观众。

第三，如果你还能够与他们有更深层次的合作，你的这个故事就会变得更有深度、更有高度。

讲到这里，估计很多人都会有一个疑问：王老师，我只是一个平凡之人，我可能永远也接触不到那些名人，我该怎么办呢？

其实，能够让我们借势的并不是只有“巨人的肩膀”，很多平凡人的身上，也有着我们可以“借”到的不凡之力。

你不妨回想一下，从小学到初中，从高中到大学的这段人生历程中，有多少老师教过你？他们可能默默无名，但是他们一直兢兢业业，其中不乏在讲台上一站就是20年，甚至30年的老教师。

他们很平凡，因为他们就是普通的人民教师。但是，他们身上有不凡之势，因为他们把自己的一切都奉献给了学生，为国家培养了一代又一代的人才。

如果你能够把其中一位老师的形象塑造好，把他的精神、给予你的价值以及你们之间的故事总结出来，再分享出去，那也一定能够打动观众，让观众把对老师的尊敬投射到你的身上。

你有没有遇到过生命中的“伯乐”，在你最困难、最迷茫、最需要人帮助的时候，对你伸出了援手？你的第一个老板或者领导，他的人品是不是非常好，值得你为他点赞呢？

还有，我们今天能够过上幸福、美好的生活，能够为祖国的强盛而自豪，是因为当年有无数热血青年和革命先烈，他们抛头颅、洒热血，用自己的生命换来了现在国家的繁荣。他们是不是更值得我们点赞？是的。

在我们身边，从来就不缺少这样的人：他们默默无闻，却充满着善意，一直在用自己的行动，为社会、为人民带来幸福，他们的伟大之处就在于，做了伟大的事，却不被别人记得。

如果你有机会与名人产生联系，让他们成为你的见证者或者为你背书，那自然是最好的。如果没有，你也可以把身边那些值得学习和尊敬的人，放进你的故事里，塑造出他们的精神，塑造出他们和你之间的关联，塑造出你在他们身上学到了什么，这也是站在“巨人的肩膀”之上的一种方式。

当然，“巨人的肩膀”不单单是指人，很多知名的场合也是可以的。比如，你去参观谷歌公司，你可以分享自己和谷歌的故事；你去参观阿里巴巴公司，也可以分享在阿里巴巴公司的感受……这也是一种站在“巨人的肩膀”上的方式。

总之，从此刻开始，你要努力地跟你想要成为的人建立连接，深层次地向他们学习请教，努力为他们创造价值！

但是，你在做这些事情的时候，一定要记住一点：借力，是为了自己更快得成长，而不是为了攀附他人！

站上“巨人的肩膀”并不难，难的是借力成长，使自己也成为“巨人”。

唯有心怀正心，方能势不可挡！

本章作业

1. 你如何与名人建立联系、深交，甚至合作？

2. 请列出你生命中帮助你的 5 个人，可能是你的老师，可能是你的同学，可能是你的长辈，可能是你的领导，也可能是你的同事……

3. 在列出帮助你的 5 个人身上，他们有什么伟大的事迹，什么样的精神，值得你去学习？你与他们之间有着怎样的美好故事……请你把这一切都写下来，丰富你的演讲内容。

Chapter

05

第五章

行 · 正心之路

生命，记录着你的每一个足迹。

足迹，源于你的每一步行动。

思想之行，历遍古今中外事；远足之行，阅尽江山湖海；正心之行，铸就生命里程碑。

在讲本章内容之前，我先讲一下我最难忘的一次登台经历。

读军校的理想破灭之后，妈妈为了让我尽快从萎靡的状态中走出来，绞尽脑汁想了很多办法，但对我来说，都无济于事。直到有一天，妈妈突然对我说："你不是一直想做生意吗？在广州有一家非常有名的学习培训机构，你去那里学习如何经商吧。"在当时，任何的学习培训，对我来说，都是无用且枯燥的。但是，我不忍心再让妈妈为我操劳、为我忧心，于是，来到了广州。殊不知，这一次不太情愿的学习培训，却成了我人生的转折点。

当初，我以为这个昂贵的培训班和学校一样，至少得学习培训两个月，但没想到的是，仅仅三天，学习培训结束了。随之而来的是更迷茫了，我不知道该干什么。此时，培训班的张老师对我说："你到我公司来实习，通过实习，可以使你得到锻炼，也能使你学到更多知识。"于是，在这样的机缘巧合之下，我成为张老师公司的实习生。从月薪800元的电话销售做起，在每天频繁地与客户进行电话沟通的过程中，张老师发现了我语言表达的天赋，于是，他便不断地为我创造演讲表达的机会。从公司的早会到公司内部的培训会，再到后来的全国招商会、千人演讲会、明星见面会……

2010年8月13日，我第一次作为一名演讲者代表公司出席商业活动，由于在大学学的就是播音主持，我原以为我会毫不怯场，淡然自若。但当我站上发言台，面对着一张张陌生的面孔时，紧张的情绪无以言表。我站在发言台上，注视着用不同眼光打量我的台下观众，我开始崩溃、焦虑，直到最后我把演讲词忘得一干二净。此时，台下鸦雀无声，我在台上伫立不动。于是，张老师面带微笑地走上演讲台，替我解困，为我解围。

我原本以为我糟糕的演讲，会遭到张老师的批评，但没有想到的是，张老师非但没有批评我，还微笑着对我说：“你只管跟着自己的感觉演讲。如果你出错了，老师会上台帮你救场。”也许是童年的经历，令我以后在面对委屈和痛苦时，总是习惯性地隐藏自己的情绪，不会向任何人倾诉。我如此糟糕的表现，非但没有受到呵责，还让我有一种受到保护的感觉。瞬间，我的眼泪像决了堤的洪水一样，喷涌而出。

这次特别的登台经历，不仅给予了我十足的温暖，更给予了我在演说道路上坚持走下去的勇气和动力，因为我知道，我犯错了，张老师会挺身而出，保护我。从那天起，我便下定决心，一定要跟随张老师学习，用最好的表现，回报张老师的知遇之恩。

在接下来的日子里，每次登台前，我都会请教张老师：“这个环节我应该怎么讲？下一个环节，我应该怎么控场会更好？”而张老师每次给予我的都是一句话：“你只管跟着自己的内心走，真诚地表达自己就可以，出了错我上台帮你弥补。”

原本以为历经过无数次怯场后的自己，会以最好的状态站上舞台，但每当我下次站在人山人海的演讲厅时，我的脑子总会变得一片空白。随着我一而再，再而三地忘词，观众对我的忍耐程度已经到了极限，甚至出现部分观众叫我下台的情形！至今，我仍记得观众在台下嘲笑我的情形。

随着我在台上犯错的概率增大，我意识到，我要不断地学习以增加自己的知识储备量。我开始疯狂地学习，把公司中的所有关于主持、演讲的书籍、视频全都看了一遍。

不到3个月的时间，我手写的主持稿就已经超过了10万字。在这3个月里，我不断在犯错中思考并且不断地找寻解决的方法。皇天不负有心人，经过3个月的魔鬼训练，我发现我的演讲变得越来越出彩，越来越多的舞台机会纷至沓来。在疯狂成长的过程中，我逐渐明白了张老师其实并未敷衍我，他一直在用他独特的方式培养我。从那时起，我便明白了张老师的用心良苦以及他对我抱有的期待。也正是因为张老师独特的教学方式使我不断地充实自己、提升自己。最后，我不负老师期望，成了公司的金牌主持人，也成了公司对外首推的演讲老师。随即而来的便是演讲费用的大幅增长以及观众对我的信任和热爱。

在面对屡战屡败的我，张老师从未放弃我，而是相信我、不断地鼓励我。张老师给予我的第一次演讲的机会，成为我走上演讲之路的里程碑。

这是开启我演说生涯的一次重要经历，每当我向观众分享这个故事的时候，我从未忘记与大家提及我的张老师，是他给予我新的希望，让我找到新的人生目标。

人生的过程是一段段的，每一个阶段都有需要你成长的事情发生。当你跨越了一个又一个阶段，经历了一件又一件大事后，你就变得更加成熟和睿智。而每一个阶段里都会有一些代表性的事件，它们便是你生命中的里程碑。

现在，你可以回望一下自己的过往，回想一些决定性的瞬间，比如，突然因为什么事，促使你做出了什么行动，让你开始发生改变。这些事情就是你人生改变的重要节点，不仅代表着你在这个阶段的突破，也代表着你即将进入下一个新阶段。比如，收到大学录取通知书的那一天，与另一半步入婚姻殿堂的那一天……都是你生命中重要的里程碑！

在这些里程碑上，写满了你的酸甜苦辣：有幸福的喜悦，更有失败的痛苦……它们都是你生命中不可或缺的组成部分。这些事情记录了你的一生中的每一次行动、每一次改变、每一次成长。你经历了它们，经历了岁月的洗礼，才会成长为今天的自己。

因此，回顾这些事情，对于我们的生命来说，意义非凡。这可以帮助我们反思自己的过往，调整未来的方向。更重要的是，它们会矗立在我们的心底，时刻警醒着我们：珍惜眼前的一切，把握眼前的一切。

可以说，一个卓越演说家的成长之路，就是由一座座生命里程碑串联而成！但是，没有任何一座里程碑会凭空立起，即便你因为某件事情受到了很大的刺激，即便你找到了一定要改变的理由，即便你产生了强烈的改变愿望……如果你并没有做出相匹配的行动，你就无法从当前的生命阶段跃到下一个生命阶段，你只是在原地打转，你的生命里程碑又从何而来？

因此，心怀正心、躬身践行，这才是一个演说者的成长之道。在这条路上，你的每一步行动，都会留下相应的印记；你每一个阶段的成长，都会竖起一座生命中的里程碑。

以我自己为例，踏上演讲之路是我生命中极为重要的里程碑，它掀开了我的人生新篇章，让我找到了奋斗的目标。我经常把这个故事分享给观众，让他们从我的故事里得到启发，找到他们自己的奋斗目标。

那么，你该如何分享自己生命里的里程碑故事呢？在向观众讲述前，你需要做的第一项工作就是梳理自己人生的各个阶段，并从每个阶段里找出最让自己难忘、帮助自己成长的事情，然后再从以下两个层面树立自己的生命里程碑。

第一个层面：记录型里程碑。

这是指能够体现出你在某个阶段内取得的成绩或者曾经获得的荣誉，比如，在某个活动或者比赛里获得了冠军，不管赛事规模大小、不管组织方是谁，这个冠军荣誉就是你生命里的一座里程碑。

记录型里程碑能够清晰地描绘出你的成长轨迹，这是一个让别人快速了解你的有效方式。我在向观众自我介绍时，经常以讲述自己生命里程碑的方式进行。

22 岁，我便走过了全国 60 多个城市，发表演讲和主持超过了 300 场。

24 岁，我有幸受邀到修正药业工作。

25 岁，我创办了家乡乌海市第一家正规的医疗整形医院。

26 岁，我重回舞台，再次走上演说之路。

……

我以上述方式介绍完自己之后，你是不是就能很清楚地知道，在我成长的过程中，经历什么、做了什么、取得了什么样的成就呢？

当你整理出自己所取得的各项荣誉和重要节点时，你就会拥有非常动人、非常有趣的故事，把这些故事分享给观众，使他们更深入地了解你，觉得你很棒、很优秀。这样的分享，让观众从你的经历中找到自己奋斗的目标，迅速地拉近你与观众的距离。

如果你觉得自己没有那么多的荣誉，更不会有“丰功伟绩”，那你可以回想一下，你曾经有过多少难忘的重要“时刻”。比如，你和另一半步入婚姻殿堂的时刻；再如，你或者你的企业取得了某项专利，打开了全新的局面；你跟一个很重要的人第一次见面，建立合作关系；你在某年某月某日开办了自己的第一家公司；你身边最重要的人离开了，对你造成了沉痛的打击，甚至影响到你的一生……

这些重要的时刻，你会忘记吗？不会。因为它们都是属于你的“记录”，也都是你生命里的里程碑。

不要因为事情的“微小”而忽略它存在的价值。讲到这里，我不由得想起了电影《阿甘正传》，阿甘的第一次“跑步”，看起来就是一个微不足道的“小动作”，但是这个“小动作”改变了他的一生，也就是从这一次“跑步”开始，阿甘树立了人生中一个又一个的里程碑。

《阿甘正传》是一部美国的励志电影，讲述了一位先天智障的小男孩自强不息，最终受到命运的眷顾，在很多领域里创造出奇迹的故事。

为了纠正驼背，智力低下的孩子阿甘要戴矫正架。上校车后，所有的孩子都不愿意和他坐在一起，只有一个叫珍妮的女孩愿意与他同坐。尽管这两个人的命运截然不同，但是阿甘从小就爱上了珍妮，他们形影不离。

在学校，为了躲避别的孩子欺负和嘲笑，阿甘第一次听到珍妮对他大声地喊了一个字：“跑！”从此，他就开始了他一生中的各种各样的“奔跑”。

起初，他是为了躲避别人的捉弄而奔跑。

接着，他的跑步潜质被一个橄榄球教练发现，于是被破格录用。结果他在球场上大放异彩，成为橄榄球巨星，受到了肯尼迪总统的接见。

随后，阿甘应征入伍。有一次，他所在的部队在越南遭遇了伏击，因为阿甘跑得快，所以他救了很多人，包括他的长官丹泰勒中尉。因此，阿甘回国后获得了荣誉勋章，又一次受到总统的接见。

后来成为企业家的阿甘，日子过得越来越好，当他听说母亲患了癌症时，又开始不顾一切地向着遥远的家乡奔跑。他的母亲在去世前，一直鼓励阿甘：人生就像一盒装有各式各样味道的巧克力，你永远不知道选择的下一块将会是哪一种味道。

有一天，珍妮来到他身边，第二天又消失在茫茫人海中，阿甘又开始到处奔跑，寻找珍妮。这一次他横穿了整个美国，路上还有很多追随者，阿甘再一次成为名人。

跑了三年多之后，阿甘终于累了，想回家了。最后，他和珍妮以及他们的孩子，共度了一段幸福的时光。

可以说，奔跑贯穿着阿甘的一生，他就用这一个简单的动作，创造了很多奇迹。这一切是怎么发生的？始于当年，珍妮第一次对他大声喊了一声：“跑！”这一句微不足道的提示，却是阿甘最重要的里程碑之一。

只要你没有停下行动的脚步，你就一定有很多“故事”。不要让它们尘封在你的记忆中，找到它们、分享他们，它们会赋予你最大的能量，为你注入全新的动力。

27 岁那年，我决定把自己的经历梳理一遍，把每一年发生的每一件事情，都做记录。结果发现，在这 27 年里，可以被我记录的事情居然超过了 200 多件。

这让我感到震惊，也很欣喜。看着记录下来的 200 多件事情，我问了自己三个问题。

有哪些事情，改变了我的生命轨迹？

有哪些事情，当时觉得微不足道，后来才发现是生命中的重要突破？

有哪些事情，让我的生命因它们而不同？

带着这三个问题，我再次梳理了那200多件事情，从中找出了30多个非常重要的事情，并且挖掘出了它们在我生命中的意义，以及它们背后的价值。

现在，我可以说，它们都是我宝贵的财富。因为它们成就了我的今天，成就了一个站上万人舞台、国际舞台，改变数十万人的国际演说家。

看到这里，你可能会问:0到5岁的事情，你怎么会记得？对此，你可以问问你的父母，让他们回忆一下你在童年时所发生过的事情，以补充你生命中的每个阶段的故事。

当你把自己的故事整理完，你会发现，自己的人生居然这么精彩。而且，你还可以从自己人生的轨迹里看到一些端倪，得到一些启发，比如，你会发现有些事情的发生是相似的，为什么呢？是不是你在不断地犯着同一个错误？还是你一直在生命的某个阶段兜转，找不到向上的突破口？

整理生命中的每一件事情，不仅能让你储备很多精彩生动的演讲素材，还能让你重新审视自己的人生：在荣誉中看到自己的优势，从失败中看到自己的盲点，在反思中提升自己能力，知道自己需要调整的地方。

这就是生命里程碑的价值，它记录着我们的过去，也感召着我们的未来，还会影响到我们身边的人。

看到这里，大家一定是感触颇多，或许已经迫不及待地准备开始整理自己的人生。请不要着急，凡事谋定而后动，梳理人生也需要正确的方法。先把人生中所有的记录，按照从高到低的级别排序，比如，从最高的世界级开始、再到亚洲级、国家级、地区级、行业级、团队级，直到最后的个人记录。把它们依次列出来，那都是你的记录型生命里程碑。

当然，这还不是全部，在你的生命里，一定还能够找到另外一个层面的里程碑事件。

第二个层面：改变型里程碑。

如果你没有那么多的纪录，不要先否定自己，你完全可以试着去突破自己的限制，树立起你生命中的改变型里程碑。

比如，你一直都不敢吃蚕蛹，看到茧蛹甚至会浑身发抖，那么你今天不妨紧握双拳、闭着眼睛去尝试一下。当你吃下第一个蚕蛹时，你就完成了生命中的一次突破，战胜了内心的恐惧，改变了自己，这就会成为你生命当中一个非常重要的里程碑！

生命是需要突破的！如果你故步自封、墨守成规，那么等待你的很可能就是失败。相反，如果你能够对自己过往的思维、行为来一次全新的突破，你往往就会收获意外的惊喜，这个惊喜甚至可能会影响你的一生。

现在，你做好准备突破自我，改变自我了吗？如果你已经做好了准备，那你可以从以下三个方向找到突破点。

第一个方向：说出你不敢说的话。

比如，你有非常好的想法、非常好的创意，想要上台与大家分享。可是，你害怕别人不认可你，害怕观众不接受你，导致你完全不敢说出来。

又如，你曾经伤害过某位朋友，非常希望挽回这段友谊，却总是说不出“对不起”这三个字。

再如，你非常爱你的孩子、家人，可是“我爱你”这三个字却总是羞于出口。

不管你恐惧什么，那只是一句话或者几句话而已。现在，你可以尝试着说出来，收获自己生命中的一个重要突破。

第二个方向：做你不敢做的事。

假如你有“恐高症”，你可以勇敢地选择跳伞或者登高（当然，必须要在安全的前提下进行）；假如你怕游泳，那你不妨找个教练学习游泳。

总之，你越害怕它，越要去面对它。只有做你不敢做的事，你才能创造出前所未有的结果。如果你没有敢于突破的精神，一直在重复同样的事，却希望得到不一样的结果，那是不现实的。

作者与思维导图创始人 东尼・博赞（左）合影

第三个方向：见你不敢见的人。

当今社会，人与人之间的沟通越来越便捷，人与人之间的联系越来越紧密，要想取得更大的成就，你必须练就一种能力：不管是让你觉得能量极大的名人大咖；还是目光如炬、表情威严的长辈领导；或者是你内心并不认同的三教九流；又或者是你完全不熟悉的陌生人群……你都要敢于去跟他们交往、相处。

如果你有“社交恐惧”心理，如果你不愿意抛头露面，现在，请你放下思想包袱，从见你不敢见的人开始，突破自己。

如果你仍然下不了决定，那你不妨默念几遍这一句话：当你连接的关系越多、越广、越深，就代表可以得到越多人的帮助，你成功的可能性就越大！

说、做、见，当你能够在这三个方向上有所突破时，意味着你摆脱了原来的维度，上升到更高的层次，你的人生会出现真正的转机。此时，你再回头看看今天的一次突破，你会发现，它已经在你身后竖起了一座生命里程碑。

现在，你可以拿起自己的笔——

写下你生命中所有的故事；
找到你生命中的里程碑；
把你的生命里程碑分享给更多的人；
影响他们，感召他们，帮助他们！

让千千万万的人和你一起：心怀正心，躬身践行，铸就生命里程碑！

本章作业

1. 回顾自己的人生，写下生命中曾发生过的所有记忆犹新的故事。

2. 梳理出每个主要的阶段，并找出每个阶段最重要的转折点、里程碑。

3. 把有关你的里程碑的故事润色完整，分享给别人。

Chapter

06

第六章

家·正心之根

家族，隐藏在我们身后，却支撑着我们前行。

家族，是一种传承，也是一种延续，更是生生不息。

国为家之本，家为人之根。当我们真正以家族为荣时，才能扎下正心之根。

我是谁?

从哪里来?

到哪里去?

它作为一个哲学命题，最早是由古希腊伟大的思想家、哲学家柏拉图提出来的。这三句话，简单地理解就是要了解自己、认识自己、树立目标，这样的人生才不会迷茫。

从哪里来？我们来自父母，父母来自祖父母……溯源而上，我们每一个人的出现，都是有根可循。对此，你可能并不会有什么特别的概念，如果我们往前追溯 10 代人，你知道吗？总共需要 1 024 个人，才能出现独一无二的你。而这整整 10 代人的寿命，加起来超过 200 年。

这只是往上追溯了 10 代人，但是我们的家族只有 10 代人吗？远远不止。有些家族已经传承了近百代。如果我们一直往上追溯，追溯到更久远的祖先，你知道自己的出生和存在，经历了多少代？多少人吗？往上倒推 20 代人，需要 1 048 576 人。可以说，是这 100 多万人成就了你！

现在，你意识到自己的珍贵了吗？每个人来到这个世界，都是一种幸运。这里面有太多的必然和偶然，最终才有了自己在人世间的出现。

因此，你应该珍惜自己的存在，除此之外，我更想告诉你的是：你是家族的延续者，也是传承者。

一个家族，延续到你的身上，这里面有很多的偶然性。而你把这个家族再传承下去，是你的责任。当你真正领悟到这一点时，你才会背负起家族所有的使命，你才能把自己的正心之根，扎进家族的土壤里，感受到家族效应带给你的养分、力量，还有担当。

你可以想象一下，当一个演说家站在台上时，面对台下成百上千，甚至是上万名的观众时，是什么在支撑着他们在台上“孤单”地演讲？

是准备充分的演讲稿？

是百炼成金的演讲技巧？

是发自内心的真实情感？

不错，与上述这些都有关系，但绝不是只有这些。每一个卓越演说家的背后，一定有家族效应产生的力量。

说到这个家族效应，我们不妨从一句俗话说起——“百善孝为先”，这是大多数人耳熟能详的一句话，那么为什么会有这个说法？

“百善”的意思不是“行善”，而是“做诸多自己该做的本分的好事”，而无论你做多少好事，不先做好“孝”，即为不是！再看这个“孝”字，上“老”下“子”，长辈在上，后辈在下。“孝为先”

是告诉我们，要尊重和感恩自己的血缘，一个对自己的血缘都不尊重、不敬畏的人，他在世间会是一个怎样的存在？他只会是世间的过客，他可能离经叛道，人性不具。

百善孝为先，这个孝字是孝道，更是家族效应的最直接体现：源自血脉的归属、源自血脉的牵系！也可以说，这个孝字，是能够让我们置身于家族效应之中的必经入口。

但是，很多人对于这个“孝”，并没有表现足够的尊重。

比如，现在很多人对祭拜列祖列宗这种行为不屑一顾，甚至嗤之以鼻，认为这早不适应现代社会的发展了。真是这样吗？其实通过一个很简单的问题，我们就能知道答案。

往上几代人，那时候人们不但知道自己父亲、爷爷的名字，也知道曾祖父、高祖父的名字。而现在呢？有多少人知道自己曾祖父叫什么名字？或者会主动关心这个？当然，不知道的人一定会说：这并不重要。但是我想说的是：忘本，从来都不是一种美德，而是一种人格缺陷！

其实，祭拜列祖列宗的行为，不是在祭拜那些牌位或者宗谱，而是在祭拜我们自己代代相传的血脉延续。每一次祭拜，都是一次寻根的洗礼，是对自己先辈的尊重、感恩和敬仰。

如果不懂得感恩父母、感恩先辈，没有家族的精神牵引着我们，那我们人生的根基就不会牢固，犹如浮萍一样漂在岁月的长河里，在人生道路上随波逐流，内心充斥着彷徨、苦闷、空虚……

为什么很多海外华人要回到祖国“寻根”？其实他们除了在寻找自己的起源地和血脉相连的亲人之外，更多的是在寻找一种精神的归宿。当他们找到了这个归宿，内心就会变得祥和、平静、充实、喜悦。

家族给每一个成员力量的，便是这种精神归宿。当然，前提是你对自己的家族，有发自内心的归属感。唯有如此，你才能感受到无处不在的家族力量。

当你感受到这一点的时候，你会有一种由内而外的充实，你的内心也会充满自信。因为你从来不是一个人在战斗，整个家族的所有资源都是支持你拼搏、奋斗的资本。

这就是家族资源！对于历史悠久的家族或者人数众多的姓氏来说，他们传承到今天的总人数加起来，可能已经有几百万人甚至几千万人。比如前面提到的孔子家族，到目前为止，有统计数据的健在后裔已经超过300万！你想想，如果从孔子算起，传承到今天，整个孔家80代至90代的总人数加起来会是多少？至少是上亿人！

一个庞大的家族，蕴藏着多少丰富的资源呢？我们不需要说是什么资源，仅仅一个家族背景，就能够给你带来信任度的加成。比如，现在你有购买保险的打算，有两个推销员都向你推荐了产品，而这两种产品也各有优点。正当你犹豫不定的时候，如果第一个推销员给你介绍了他的家庭背景，或者是出生在军人之家，或者出生在书香门第，或者是来自普通的工人家庭。介绍家庭背景时，推销员可能会聊起父辈是怎么教育他、怎么影响了他的人生观……

而第二个推销员，除了介绍产品之外，没有提起任何有关家庭背景方面的信息。此时，你更倾向购买谁的保险产品呢？

很明显，大部分人都会选择前者。因为第二个推销员几乎就是一个“陌生人”，你除了知道产品之外，对他这个人一无所知。相比而言，第一个推销员的家庭情况为他带来了很好的背书，你对他有更充分地了解，对他有更高的信任度。而这种信赖感，不就是家族背景带来的“加成”效果吗？

那么，到底什么是家族的资源呢？它就像企业品牌一样，虽然是一种看不见的无形资产，却是真实存在的，可以帮助你更快速地获得人们对你的信任。

以企业品牌为例来说，可口可乐一位前总裁曾经骄傲地说：“即使可口可乐在世界各地的厂房被一把大火烧光，只要这个品牌还在，一夜之间我们就能让所有的厂房在废墟中拔地而起！”

这种底气是怎么来的？就是源于可口可乐历经 130 多年的发展，品牌已经深入人心，已经成了品牌文化。可以说，只要这个品牌在，哪怕是在废墟之上重建，也一定能一呼百应！

比如，孔子家族，如果组织者振臂一呼，会有无数的后裔，从世界各地开始聚集。一个如此庞大的族群，众志成城之下又有什么事情是做不成的呢？

当然，这种众志成城也不是凭空而来的，是家族这根纽带把他们系到一起的。比如，浙江温州人，他们很多生意都是在家族饭桌上谈成的，有了好的投资项目，只要一开口，大家马上把钱凑齐。没有欠条，没有协议，凭的是大家彼此的信任。

因此，对于每个人来说，身后的家族资源都蕴含着巨大的能量，如果你懂得运用家族的资源、善用家族的力量，你就会发现：家族，是可以让你一生放手拼搏的盔甲。

那么，如何运用家族资源呢？以下这几个方面，都是我们可以从家族资源上借力的点。

第一，家族的荣耀。

如果你的家族很有实力，地位十分显赫，曾经获得过很多荣耀，在商界、政界或者其他领域具有一定的号召力和影响力。那么，你可以通过一些事实，把家族的荣耀史告诉观众，强大的家族实力就是你最好的品牌背书，可以轻而易举地得到观众的信任。但是切忌捏造事实、胡编乱造，欺骗观众。

第二，家族的精神。

家训、家风，家族中人秉持的信念、形成的家族文化……这些都是家族精神的体现，是你的“无形资产”，并且也很容易打动观众。

如果你能够提炼出家族的精神，并能够举出实际的例子加以说明，比如，你们家族的家训是什么，一直教导孩子的理念是什么，家族的文化可以用哪些核心词语去概括……当你把这些内容分享给观众时，他们看到的就是一个很有修养的家族，并且爱家、敬家的人，这样的人更容易获得观众的信任。

第三，家族的历史。

每个家族都有一部发展史，如果你能够把家族史中的一些主要历史事件整理出来，并且分享给观众，观众对你的印象会更深。因为在你回顾家族历史的时候，观众不仅感受到你的家族跨越岁月绵延至今的底蕴，还有很多能和祖国发展史形成呼应的信息，而这些是非常容易引起观众共鸣的。

如果你的家族还保留着族谱，那更会增加你的家族底蕴。在一份相对完整的族谱上，能直接看到一个家族的传承脉络，而且，家族的传承动辄历经几百年，能把族谱传承到今天的并不多。这样的家族，不仅仅是底蕴深厚，更是值得信任！

第四，家族的人物。

如果你的家族在传承过程中，出现过一些有影响力、有代表性的人物，你不妨搜集他们的资料和故事，特别是那些和他们相关的佳话，并把它们整理出来，这就是你演讲中很好的素材。

因为大家都喜欢听故事，你可以通过讲述这些人物素材，打开观众的心扉，让他们熟悉你，进而接纳你、信任你。

第五，身边的亲人。

说到家族的资源，当然也不能忽略了身边的亲人，比如，父亲、母亲、爷爷、奶奶、姥爷、姥姥……

我们经常说：“物以类聚，人以群分。”民间也有俗语：“龙生龙，凤生凤，老鼠的儿子会打洞。”这其实都是在说，对我们影响最大的，往往就是身边的人。这些近亲的言行思想，都会在我们的成长过程里留下很深的烙印。

孩提时代，我们的思想就像一张白纸，很容易接受身边成年人的观念，而这些观念在潜移默化中，会逐渐成为潜意识的一部分。当我们长大成人，它们又会成为左右自己性格、价值观、人生观的主导力量。

众所周知，价值观、人生观相近的人更容易走到一起，相互影响。但是，价值观、人生观都是内在的，不容易被人了解。如果你把身边亲人对你影响的故事分享给观众，观众很容易了解你的内在品质。

这好像男女在谈婚论嫁的时候，会先打听一下对方家长和身边长辈的情况。因为对方家长、长辈具有的价值观和人生观，往往自己的孩子也有类似的观念。

因此，通过分享自己亲人的一些言行故事，是让观众更快速地了解你、接纳你的一个有效渠道。

了解了这些可以借力点之后，我们在运用家族资源时，具体又该怎么办呢？做好以下三件事情，你就有可能把家族资源的无形力量发挥出来。

第一件事情：讲述家族的故事。

当一个人能够把自己家族的由来、家族的背景、家族的人物，甚至家族的精神等方面都整理成一个个小故事，向观众娓娓道来。那么，观众一定会认为，你是有历史、有背景、有传承、有故事之人，甚至还可能是名门之后。这样会不会提高你在观众心里的印象分？会不会大幅增加观众对你的信任感？

比如，你知道自己的姓氏从何而来吗？在你的姓氏或者家族里，从古至今有没有出现过名人？ 如果你姓刘，那姓刘的历史名人可就多了，光是皇帝就有五六十个，那你的体内会不会流着汉高祖刘邦的皇室血统呢？

除了皇帝之外，还有刘禹锡等书法家、文学家……现代还有著名数学家刘克峰、著名歌星刘德华……这些刘氏家族的名人会不会跟你有一定的关系？

如果你姓李，那么你的家族又会不会跟唐朝李世民这个皇族有渊源呢？你不妨仔细查看族谱，或者问问家族里的老人，说不定追溯上去之后，你会发现自己很有可能是某位名人的后裔。

除了精神层面的传承外，那些传家的器物以及代代相传的技艺，都可以成为家族故事的最佳载体。

我有一个学生，传承的是他们家族独有的一种特殊技艺：一个人如果某个部位发生了骨折，可以用他们家族特殊的正骨手法和秘方，能让骨头快速愈合。他就是这种特殊技艺的第 9 代传人。

如果他直接开门见山地告诉观众，他会这种技艺，即使把效果说得非常神奇，观众也是对此充满怀疑。但是，当他把这种特殊技艺背后的家族渊源和传承故事讲出来时，观众的态度会不会有所变化呢？

毫无疑问，观众一定会表现出截然不同的态度，对他产生认可，甚至敬佩。因为这时打动观众的，已经不是他的技艺有多高超，而是 9 代传承的家族背景和家族历史。

从中不难发现，如果你没有家族意识，也从不介绍家族背景、历史或者人物，那么，在大家心中，“你只是你，没有让大家产生敬佩的理由。”

事实上，任何一个人都不是凭空出现的，所有人来到这个世间，都是有根源的。讲述你家族的故事，其实也是在观众面前追溯自己的“根源”，比起一个“孤立的你”，有“根源”的你是不是更容易得到观众的认可、接纳、信任呢？

把讲述家族故事变成一种习惯，当你能很自然地在观众面前分享这些故事时，你就能真切地感受到发自内心的一种归属感、荣誉感。这样的你，更容易走进观众的内心。

除了讲述家族故事之外，还有下面的这件事情，也是需要我们经常做的。

第二件事情：塑造家族的形象。

说到这里，你可能会有疑问：我追溯了整个家族，也没看到哪位家族成员曾经做出过巨大的贡献，取得过巨大的成功……我的家族跟名人沾不上边，都是普通之人。这该怎么塑造家族的形象呢？这其实是一种误解，并不是说，你的家族出了多少名人，你才能去塑造。普通、平凡的家族，并不影响你去塑造家族的形象。

我们所说的塑造家族形象，不是夸大对家族的描述，更不是无中生有去编造家族的历史，而是通过讲述一些真实发生过的事情，哪怕是一些细小的事情，去体现家族中的人的“正心”和品行。

你最亲近的人，就是最好的塑造对象。因为你很熟悉他们，能够从一些看似平凡的小事中找到不平凡之处，然后通过讲述这些小事，树立起他们既平凡又伟大的形象。而这些形象，往往是最能够打动观众内心的，让观众听起来很有亲切感，迅速拉近你与观众之间的距离。

每一个人都有他的长处，即便是再平凡的家族、再平凡的人物，比如，在我们眼里，自己的父母都会有一些标签性的印象：坚强、善良、慈爱……这些印象是怎么形成的？一定是来源于生活中的很多小事情的累积，你把这些细小的事情分享给观众，他们一定能从你的讲述中，感受到你父母的优秀品德。

这些品德听起来似乎有些普通，并不是惊天动地的大事情，但是它们很容易被大家认可、接受。而且，这些“好印象”，会自然地从你父母身上投射到你身上，也就是说，你塑造的家族形象，会和你自身的形象重叠起来。

我经常会在台上跟观众分享父亲是怎样教育我的、爷爷是一个怎样的人，甚至还会讲一些我曾祖父的一些故事……这样的分享，会让观众看到王氏家族的形象，那在他们的心里，就不会把我单独“剥离”出来，而是会把我放在整个王氏家族的大形象里，由此我的形象是不是会更加丰满？

大家不妨想一想，在很多名人传记里，是不是一定会提到他家族的历史和文化？是不是一定会提起他的父母是一个怎样的人？是不是一定会讲述他儿时受到了什么样的教育？其实，这就是在塑造他的家族形象，用一点一滴的小事情做铺垫，为日后的成功埋下伏笔，让他的传奇更真实、更厚重，而不会让大家觉得他是横空出世的。

塑造家族形象时，除了“人”的形象之外，家族文化也是对家族形象很好的补充。这需要我们要端正一个认识：不是因为家族里有名人，才有文化，才能形成家风。自古以来，有人的地方就有文化。

即使是最普通的家族，也会有自己独特的家族文化，比如，你完全可以告诉大家：你的家族是团结、平等、和谐的；成员之间是互相尊重、互相包容、互相关心、互相爱护、和睦相处的；长辈以身作则、谆谆教导，让后辈们在和谐、温暖、关爱中健康成长……这些都是你的家族文化，从中也能看出你们家族的族风。

此时，我想给大家讲述清末民初著名教育家张武龄先生的故事，看看他是怎样以开明的文化和对教育的理解，树立起独特的家风，并培养出了十位优秀儿女。

张武龄先生有四女六子，名字都很有特色。四个女儿分别为元和、允和、兆和、充和；六个儿子分别为宗和、寅和、定和、宇和、寰和、宁和。

女孩的名字没有半点含花带草的妩媚，这是因为张武龄希望她们尽可能地迈出闺门，依靠自己的力量走得更远。而男孩的名字里都有一个含有宝盖头的字，这是因为张武龄希望他们继承家风，不管他们走多远，也要记得家。

这与张武龄生活的那个年代的思想截然不同，张武龄的境界与格局，由此可见一斑。

其父眼界如此，更何况早早就接受了新思想洗礼的儿女呢。张武龄给子女的是财富、权力吗？不是，张武龄只是发扬自己的家风，鼓励孩子用真才实学和人格魅力去实现自己的幸福并倾心托付罢了。

可以想象一下，一个出自这种家族的人，是不是更容易得到大家的认可？因为这种家族文化，不管在哪个年代，都是值得称颂的。由此，人们就很容易做出判断：出自这种家族的人，是值得信任的。

所以，家族文化和家风都能让家族形象变得更丰满。良好的家风塑造，能够获得大家对你家族的认可和尊重，也能让人们爱屋及乌地认可你。

或许有的朋友会问：那么一出生就被遗弃的婴儿呢？他们长大以后难以寻找到亲生父母，又该怎样去讲述他的家族和塑造自己的亲人呢？其实，任何一个人成长的背后，一定会有比较亲近的人或者亲近的家庭在养育他、照顾他、影响他。即使他从小被遗弃，但是在他成长的过程中树立起的价值观、人生观，很多时候都是受到身边的人和家庭所影响。从这个角度而言，他就是这个养育他、栽培他的家庭成员之一，也是家庭的传承者。

这虽然只是特例，但其中体现出来的，却是一种非常重要的基本品德：对家族的归属感。

只有真正地产生了对家的归属感，才能做好下面这件事情。

第三件事情：感恩并反哺你的家族。

“饮水思源”，这是告诉我们：为人处事，不能忘本。如果一个人连家族这个最大的“本”都忘了，他还有可能尊重别人吗？他还有可能得到别人的尊重吗？

孝，是对家族最基本的感恩和反哺方式之一。在我国传统文化中，这也是一种基本的判断标准：有孝心、讲孝道的人，多是品行端正之人。反之，则是品行堪忧之人。

现在，我给大家分享一件我亲身经历的事情，你也可以想一下，自己身边有没有类似的事情发生。

有一次，我坐飞机到新加坡，在头等舱里遇到了一个看起来像是“富有”的人，并且与他很礼貌地聊着天。

在聊天的过程中，坐在他不远处的一位孩子，也就是他的儿子，估计7岁左右，叫了他两声“爸爸”。当时因为飞机舱内太吵，他没有听到，而这个孩子走上前，一巴掌打到他的脑门上，说:“爸爸，我叫你，你怎么听不到呢?”

这时，他回过头，露出了笑脸，说:“儿子，怎么啦……”

当时看到这个场景，我心里有一种想法：不管这位父亲的企业做得有多大，事业做得有多成功，迟早都会败在他这个儿子的手上。

为什么这么说呢？因为他没有教育好孩子如何尊敬长辈。这孩子长大以后，还有什么事情做不出来呢？也许，这就是“熊孩子”的开始。

这不是我在危言耸听，也不是吹毛求疵，因为在每个人的心里，都隐藏着与生俱来的孝道情怀。我们要做的，是让这种情怀显露出来、发扬下去，而不是让它一直隐藏，甚至慢慢地消失……

可以想象一下，如果有人辱骂你，你会是什么样的反应？会愤怒，也可能会反击，但是通常都会比较克制。但是，如果那人辱骂的是你的父母呢？你脑海里是不是只剩下了一个念头：这绝对不能忍！

这是我们天生的“孝道”情怀，我们本能地会维护自己的亲人、家庭，乃至家族。

既然我们的本性里有这样的优秀品德，为什么不把它发扬光大？让更多人看到你对自己家族的热爱，让更多人看到你对自己家族不遗余力地感恩、时刻记在心里的反哺之情。

家族哺育了你，让你成长，为你提供了强大的后盾和丰富的资源，我们没有理由不热爱自己的家族。作为家族的一分子，你有责任，也有义务承担起维护家族形象的责任。

每个人的身后，都有一笔巨大的无形财富，那就是我们的家族。

它的力量无处不在，影响深远，是可以支撑我们去拼搏一生的盔甲。

讲述家族的故事、塑造家族的形象、感恩反哺你的家族，这些行为，都可以让你从家族资源中得到无穷的力量，让台下的观众更敬佩你、更信任你。

“孝道”在心，以家为念，把你的正心之根，扎进家族的沃土。这样的你，在成为一个卓越演说家的路上，才能走得稳、行得远！

本章作业

1. 查找你家族的背景、起源、历史、实力、地位和获得过的荣誉。

2. 总结和提炼出你的家族精神、信念、家风、家训等。

3. 找出你家的族谱。

4. 搜集和整理你家族的代表性人物及其故事。

5. 找出让你最尊敬、最崇拜的家庭成员，你会给他贴上什么样的正面标签，为什么？这些标签背后的故事又是怎样的呢？请你提炼出这些核心的形容词，并整理出你和这些家族成员之间的故事。

6. 做好上面的这些功课，并在你的演讲之中与观众分享。

Chapter

07

第七章

梦·正心之力

梦想是什么?

只是一个未来的目标,一个未来的发展方向?

不,梦想本身,也是一种力量!

有梦想的演说,醍醐灌顶;有梦想的正心,四两拨千斤。

它不可或缺,无处不在!

马云，这个名字你一定不会陌生，但他的成功史，你又了解多少呢？

1997 年，美国的雅虎创始人杨致远访问中国，陪同他的就是正在对外经济贸易部工作的马云，两人相谈甚欢，还在长城上合影。结识了杨致远，预示着马云即将迈进成功之门。

1999 年，马云创办了阿里巴巴，就在这一年，日本软件银行集团创始人孙正义到中国寻找投资机会，在和马云交谈后，当即决定向阿里巴巴投资 3 500 万美元。这笔投资对阿里巴巴来说，意义非同小可。

2005 年，阿里巴巴已经成长为一家年销售额 5 000 万美元的公司，但与全球的互联网大鳄相比，阿里巴巴还只是一条小鱼。也就是在这一年，雅虎注资 10 亿美元获得阿里巴巴 40% 的股份，此外，价值 7 亿美元的雅虎中国也并入阿里巴巴。正是依靠这笔巨大的投资，阿里巴巴在接下来的市场竞争中战胜易趣，成为电商中的王者。

马云的成功，从何而来？没有人会否认马云的能力、远见和个人魅力，但是，也没有人能否认杨致远和孙正义对其起到的关键性作用。如果马云当初没有得到杨致远和孙正义的帮助和投资，马云未必能击败易趣，缔造出阿里巴巴的神话。当时的杨致远和孙正义相比马云，已是成功人士。可以说，在当时，杨致远和孙正义就是马云的贵人。

现在，我们不妨来思考以下几个问题。

为什么有些人拥有旷世才华，却步履维艰，在通往成功的路上走得非常艰辛而缓慢？

为什么有些人虽然资质平平，却很快建立了自己的事业？

他们的区别是什么？

获得成功、实现梦想，最快速的方法又是什么？

答案就是**找到“比你成功100倍”的人来帮助你！**

这绝对不是一个脑筋急转弯的问题，而是能让你获得快速成功的方法之一。设想一下，如果现在有“比你成功100倍”的人来帮助你，你成功的速度是不是比你自己单干要快？比如，你想从商，如果任正非、马云、马化腾这样的企业家来帮助你，你创业的速度会不会更快？

再如，你想在娱乐圈里发展，现在刘德华、成龙、周星驰、张学友这些超级明星都愿意帮助你，跟你一起搭档去拍电影或者合唱一首歌，给你一个机会饰演他们电影、电视剧里的配角，你是不是也会迅速成名？

或者，你想成为世界级的企业家，假设比尔·盖茨、巴菲特也愿意来帮助你，你的事业版图是不是会飞速扩张？

显然，千里马固然重要，伯乐也很重要。在你奋斗的路上，如果找到了“比你成功 100 倍”的人帮助你，就好比一匹千里马得到了伯乐的提携，你的成功速度，是真得可以“一日千里”的。

现在，我要告诉你的是：通过演说，你会有更多的机会遇到这些伯乐！为什么这么说呢？因为舞台就是一个“表演”的中心，是一个资源的汇聚点。当你站在台上演说的时候，台下所有的观众都会把注意力放在你的身上，都会静静地聆听你的演说。而在这些观众当中，比你成功的大有人在。

万人舞台上的作者

因此，当你能站上舞台，说明你已经取得了话语权，距离你的“伯乐”，可能只有一步之遥，你在成功路上前进了一大步。

众所周知，做任何一件事情要想获得成功，必须依靠三个要素：天时、地利、人和。而在这三个要素当中，你可以站上舞台，就代表你占据了“地利”，取得了有利的位置，可以让台下的观众静下心、仔细聆听你的演说。因为“比你成功100倍”的人，都是很珍惜时间的，能够让他们坐下来、聆听你演说的机会极为难得，你一定要珍惜每一次上台演说的机会。

至于“天时”，就是看你所做的事情是否符合“大势所趋”，是否符合国家当前的发展战略以及有没有现行政策的扶持，是否顺应了社会发展的下一个趋势，是否抓住了商业发展的下一个重要节点……当然，你未必能引领社会大众的需求、商业发展的趋势，但是至少不会背道而驰。

小米的创始人雷军有一句被无数创业者奉为经典的话：站在风口上，猪都可以飞起来。说的就是“趋势”的重要性，也就是“天时、地利、人和”中的“天时”。

再说“人和”，是指你必须要得到两方面的人员支持，才会获得成功。一方面，是来自于你内部人员对你的支持，包括你的合伙人、创业团队、员工等；另一方面，是来自于外部人员对你的支持，包括你的资源、你的投资者、你的战略合作伙伴等，当然也包括我们前面所讲的“伯乐”——“比你成功100倍”以上的人。

而在这些人当中，我们要讨论的是，你如何得到那些“伯乐”的帮助。既然他们已经“比你成功100倍”了，那他们会无缘无故地来帮助你吗？显然不会。

那么，你如何获得“比你成功100倍”的人来帮助你呢？要想得到他们的帮助，你必须要知道：那些“伯乐”心里真正想要的是什么？他们最想听到的又是什么？他们最青睐的是哪些人？他们愿意出手帮助的关键是什么？

听起来有太多的问题，好像很难解决。不过，我可以很肯定地告诉你，所有的这一切都始于同一个源头：你的梦想。这里说的梦想，并不是你想象中的“未来，我会如何做”的空洞的“梦想”，而是真正有力量的梦想。

现在，你对此可能会有疑惑，我们不妨先来看一下，“比你成功100倍”的人愿意帮助你的三个关键核心是什么。从中你也能感知：什么是真正有力量的梦想、如何赋予自己有梦想的正心之力。

第一个关键核心：大梦想。

“比你成功100倍”的人想投资、帮助和扶持的，首先是有梦想的人。

说到这里，我想先问一下：你有梦想吗？如果你有梦想，你知不知道“比你成功100倍”的人欣赏拥有什么样的梦想的人呢？

如果你站在台上告诉观众：我的梦想是买一辆法拉利跑车。这个梦想会不会吸引成功人士的目光？不会。因为你买法拉利跑车，只是为了自己，并没有造福他人。

如果你告诉大家：我的梦想是“月收入超过 100 万元”。尽管你说的时候充满雄心斗志，可是这个梦想同样吸引不了成功人士的关注。因为他们仍然会认为，“月收入超过 100 万元”的梦想，也只是为了你自己。

比起你的“小梦想”，我们再看看马云当时是怎么说的：我要让全天下的人再也没有难做的生意！

对比一下，你是不是觉得马云的格局很大？境界很高？没错，这就是典型的“大梦想”，他心里装的是“全天下的人”，他想做的事情将会覆盖“全天下的生意”。这是在为所有的创业者谋福利。

成功人士更关注的一定是：你的梦想能够帮助多少人，能够为多少人创造价值，能够为多少人带来幸福的生活。

这些对于投资你、帮助你的人来说，至关重要。因为一个“酒肉之徒”是不可能拥有改变世界的宏伟梦想的，这涉及一个人的格局和境界。格局大的人有远见，能看到当前事情之外的全局，进而高屋建瓴地规划整个蓝图；至于境界高的人，则不会计较眼前得失，更不会为了蝇头小利而影响全盘计划。

也就是说，只有大格局、高境界的人，才有宏大的梦想，才能吸引成功人士的目光。对此，其实很好理解。有一位从事风险投资的朋友告诉我：扶持一个项目，其实就是在投资“人”。如果一个人在得到他们的帮助或者投资之后，首先想到的是自己去买房、买车，而不是把资金、资源投入实现梦想的计划中，他们就会对这个人的能力产生怀疑，进而停止提供所有的帮助，其他投资人士也因此望而却步。

因此，一个“大梦想”，是你得到“伯乐”帮助的基础。如果你稍微留意一下，不难发现，很多成功人士、成功的企业，无一例外的都是从一个“大梦想”起步的。

腾讯公司的主要创办人之一马化腾，无论是当初研发的QQ还是现在大家都在用的微信，他的研发初衷就是让所有人的沟通交流更加方便，后来才形成了这些功能强大的连接工具，不仅节约了大家沟通的成本，同时还能在手机、电脑上即时传送文件、图片、视频，甚至还可以进行实时的视频对话。所有的这一切，是不是让大家生活更便利？是不是让更多的人都从中受益了？

当初谷歌成立时，他们的目标就是要创造出全世界最简便、最快速、最有效率的搜索引擎，提升大家获得资讯的效率和能力。这个梦想，不也是站在所有人的角度，以“利他”作为出发点而构筑的吗？

其实，不管是淘宝、天猫、京东，还是拼多多，他们在创立之初，都有一个信念：通过解决人们在生活当中遇到的痛点，为人们带来更好的体验，进一步创造出更大的价值。正是因为这种“大梦想”，它们获得了大量的投资和各方面的资源扶持，成就了今天的这些平台。

由此可见，如果你拥有了一个“大梦想”，这个梦想能够让人们为之震撼，感受到当你实现梦想后，就能为他们创造出更大的价值。那你就有可能得到成功人士的认可，你离成功也就近了一大步。

一个“大梦想”，真的有这么大的力量吗？对此，你不用怀疑。因为梦想的力量，有可能超乎你的想象，这一点，“格力”企业对其进行了完美的演绎。

格力之所以能让国人引以为豪，不仅是因为它的空调质量特别好，连续 10 年获得“全球空调销量第一”的殊荣，是全球空调行业当中的龙头老大，还因为它是目前“中国制造”的代表，是“中国制造”的骄傲。这里面还有一个小故事。

有一次，董明珠在南非考察的时候，有人问她：中国制造的产品质量低、价格低，你们凭什么做出如此好的空调？

董明珠回答了一段振奋人心的话，她说：让世界爱上中国制造，不是我董明珠的梦想，也不是格力的梦想，而是我们中国所有企业家的梦想！将来，全世界都会爱上中国制造！

让世界爱上中国制造，这就是格力的大梦想。更准确地说，这是中国整个企业界的大梦想。我相信，即便你就是一个普通百姓，当你听到这个梦想的时候，也会激动、振奋，感受到这个宏大梦想的感召力。在这种感召之下，格力空调克服重重困难，站上世界空调行业之巅。

而且，也有越来越多的“中国制造”进入了世界一流产品之列！

如果你依然认为，大梦想是属于那些非凡之人的，接下来我告诉你，发生在我身上的故事。

2020 年一场新冠疫情改变了世界，也改变了我。在新冠疫情的笼罩之下，似乎所有人都被推入互联网世界：消费互联网的 O2O、众筹、供应链金融、共享经济、社区团购、电商、赋能、网红、直播带货、私域流量、短视频、新媒体；工业互联网的大数据、边缘计算、云平台、人工智能、5G、区块链、物联网、智能制造、数字孪生、工业大脑……

面对这些层出不穷的新概念、新技术、新模式，我们要不要去了解？企业战略要不要有所改变？生活方式改变太快，无处不在地释放着焦虑的信号，人人自危，不知所措。

于是，教育培训质量变得良莠不齐。五花八门的教育培训课程海报铺天盖地，忽然间教育专家多如牛毛。当然，这其中不乏有真才实学者，但也有抱着想捞一把钱就走的商人。严重损害行业声誉，以至于有人喊出，教育培训就是割韭菜的论调。教育培训仿佛一瞬间从保护伞变成了镰刀，这真是既讽刺又悲哀。

对此，我也想过，或许这就是当下的教育培训现状，要不然就随波逐流，反正生活也还尚可，何必跳出来惹得一身灰，做吃力不讨好的事。可是，每当我想起进入教育培训行业的初心，总有一个清晰的声音在不断地提醒我：时代越是复杂多变，有责任和良知的教育培训工作者，就越显得可贵。

我始终认为，赚钱是为了生活，而非人生追求的目标。这些年无论走到哪里，我都会将这个看法，一遍又一遍地分享给与我相遇的人们。我希望每一个人都能收获自信、宁静、丰盛的人生，这与拥有多少金钱没有直接关系。

虽然这种想法，在当下焦虑、浮躁的社会，似乎显得有些违和，可是我依然认为，真正能够让一个人走得更高更远的，一定是那些并不能立竿见影的品质，比如，善良、豁达，责任心、使命感等。

时至今日，我确定，我要将 Power Of Life 这个品牌打造成全球创业家最值得信赖的教育品牌！用教育的力量不断激励创业家保持乐观向上，让我们所触及的一切更有价值！帮助 1 000 万人通过演说的力量，站上“一带一路”的舞台，让世界听到中国人的声音，让世界因中华文化而更美丽！

也许，我的梦想似乎有些不切实际。可事实上，你知道吗？当我一次又一次在演讲中重复着我的梦想时，奇迹真的发生了。

有一次，在我《目标创造奇迹》的课上，历时 13 年打造台湾厨房用品第一品牌锅宝的李美华女士，听到我的初心和梦想后，竟然重新燃烧起她创业的激情。

她说：我从未见过一个“90 后”，有如此远大的梦想和社会责任感，我想要同他一起再度出发。要知道，她当时已经 65 岁了，是很多人颐养天年的年龄。

复盘李美华女士的创业人生，才恍然大悟，原来成功者就是梦想没有终点的一群人。从一名普通小助理，到年营收上百亿的企业创始人；从没资源、没背景的创业“草根”，到邀请明星林青霞为自己的产品代言；从上亿身价跌落至濒临破产；又从低谷重新出发，绝地反击再度登顶。你以为这样的人生，只会出现在电影中吗？不，就是发生在 65 岁之前的李美华女士身上。

李美华女士

然而，当你准备欣赏成功者的华丽谢幕时，你才发现那根本不是山顶。

于是，李美华女士再次出发，进军国际市场。65 岁的她成立“POL 鼎鼎商学院”，她说：“未来 10 年，我要帮助 10 万名来自东盟十国的，曾经和我一样没资源、没背景、没人脉的‘草根’创业成功，去成就更多的人，贡献我人生最后的力量。”

在那一刻，我更加感受到梦想的力量有多么强大：不仅能让平凡的人创造奇迹，更能打破世俗和圈层，让爱与能量自由流淌。

虚空之中做构架是难的，但凡有路径可以遵循的事，再困难都不是问题。感谢命运的眷顾，这件事正在变得越来越清晰。

到现在为止，已经有马来西亚、泰国、新加坡、文莱的创业家加入到我的梦想计划中来。接下来，我们第一个五年目标：要让 Power Of Life 成为东盟十国创业家最值得信赖的教育品牌。

第二个关键核心：强渴望。

只有一个“大梦想”就够了吗？当然不够！成功人士特别渴望看到，你对所做的事情有多高的渴望度，有多高的热情度！因为谁都会讲梦想，可是你说的究竟是真的、还是假的？是发自内心的，还是随口说的？

如果说打造全球创业家最值得信赖的教育品牌，是我内心的一个憧憬，那么创建 1 000 所少儿演说学校，则是早已扎根在我心底的渴望，如影随形。

著名学者余秋雨说，一个孩子如果没有机会从小学习表演，将来很难成为有魅力的社会角色。

自然，演讲也是表演的一种。演讲是一个人沟通能力的体现，是一种基本的社会生存技能，人人都应该重视对演讲能力的培养。

演讲更是孩子和世界对话的方式。不会演讲，就不能有效地和世界对话，和他人交流，孩子了解别人和被别人了解的机会就少了。

世界无垠，语言有翼。如果孩子从小不练习演讲，不会演讲，就像小鸟，还没飞翔就先折了翅膀。

在我国很多家庭中，独生子女家庭占比很大，家长出于“独苗难栽”的心理，给予孩子“万千宠爱于一身”，过度娇宠、无限满足他们的需求，导致孩子养成了很多不良习惯，当这些习惯积习日久，就形成了性格上的各种问题：

（1）缺乏自信，没有胆量，不敢表现自己；
（2）以自我为中心，任性，没有责任心；
（3）过度依赖别人，自理能力差；
（4）缺乏谦虚、谦让、礼仪、互助的精神；
（5）怕吃苦，抗压能力差，面对挫折不知道怎么解决；

（6）意志力薄弱，不专注，遇到困难往后缩；

……

在众多问题当中，缺乏自信、没有责任心问题尤为严重。不敢表现自己的孩子，对事物的接受能力弱，对环境的适应能力差，容易被同伴忽视，更不会受到同伴的欢迎和关注，久而久之就容易形成自卑的性格。长大后，因为人际交往的能力比较差，所以导致性格内向，懦弱，在外人面前不善交往，不敢去把握机会和追求幸福，常常饱受内心的痛苦。

这并不是我的随意揣测，我自己的成长经历就是最好的证明，如果我没有遇见演说，没有机会站上世界各地大大小小的舞台，让我找回自信，看见自己原来如此闪耀，或许儿时手臂骨折6次，给我带来的阴影永远都无法挥散。

特别是这些年的工作让我接触到了很多国外的家长。我发现他们在教育孩子的理念上，有很多值得我们学习的地方。在他们教育孩子的理念中，让我最受触动的一个理念就是鼓励孩子大胆去地表达自己的想法，大胆地去跟别人沟通，大胆去告诉别人自己的要求。那时我就萌生了一个想法，我为什么不把演说的智慧和力量带给更多的青少年呢？

因此，我从2017年开始走进高校，并创办了“演说侠·大学生公益联盟”，身体力行地帮助他们开办公众演说的公益课程。到今天为止，“演说侠”已经走进了 13 所高校！

当我看到一个又一个青少年，在公益课程中从唯唯诺诺，不敢开口讲话到勇敢自如地说出自己的梦想，我内心充满了无与伦比的兴奋感，让我更加坚定地在未来：创办 1 000 所少儿演说学校！我希望尽自己最大的努力，去帮助更多孩子重新发现自己的人生价值，让他们能够健康成长！

很多人都在质疑我，这么做到底值不值得？原有的工作就已经压得喘不过气，为什么还要做公益的课程呢？我想告诉大家的是，我把自己的价值赋予那些在心理阴影中挣扎的孩子身上，让他们都能拥有一个美好的未来，这不正是“赠人玫瑰，手有余香”的最佳写照吗？在我心里，这就是自己的责任和使命！

如果你也有和我同样的心愿，当你站上舞台，投身于为民族的下一代谋幸福的伟大事业中时，你一定会获得前所未有的自信和力量！当然，这样的“大梦想”，也是那些“比你成功 100 倍”的人想要听到和看到的。

因此，要让“比你成功 100 倍”的人来帮助你，你必须先确定：自己拥有什么样的梦想？你的梦想有多大的格局？你的梦想会帮助多少人的问题？会给多少人创造幸福和价值？

只有大格局、境界高的人，才会有远大的梦想，才会赢得“比你成功100倍”的人的青睐！

可能“强”渴望这个概念会让你有点疑惑，怎么样才算强？怎么样才算弱？他们怎么会知道我的渴望到底强不强呢？

什么是强渴望？

是在你面对身边所有人的怀疑，甚至否定时，仍然坚信自己的选择，坚信自己做的是有意义、有价值的事情！

是你能够放下那个最后的结果，全身心地投入到这件事情的过程里，哪怕一次只能向前“爬”一毫米，你也不会有任何动摇！

第三个关键核心：行动力。

如果你已经有了一个大梦想，而且对自己的梦想也有了强渴望，建议你再问自己几个问题。

为了实现梦想，你已经做了什么？你有制订详细的行动计划吗？你有组建实现这个梦想的团队吗？你是否已经开始向梦想前进了呢？期间，你失败了多少次？你遇到了什么挑战？在面对挑战和困难的时候，你是怎样不屈不挠的……大梦想和强渴望都是不可或缺的，但是你还必须拥有与之相匹配的行动力，才有机会把自己的大梦想和强渴望变现。

其实，我们多数人的起点都差不多：没有殷实的家底，没有强大的背景，没有丰富的资源，没有过硬的关系，甚至连颜值也没有……为什么几年之后，人与人之间的差距就显现出来，甚至有天壤之别？很大的原因，就是每个人的行动力不一样。优秀的人虽然千差万别，但有一点是相同的，他们都拥有强大的行动力。

对于没有行动力，或者行动力比较低的人来说，再好的梦想和计划，再强大的渴望，也终究不过是一个童话，数年后依然在原地打转。正如孙正义说："三流的点子加一流的行动力，永远比一流的点子加三流的行动力更好。"成功并没有那么复杂，大道至简，只要一步一步去走，你终会到达目的地。

最后，我们再来回顾一下，当你能够让"比你成功 100 倍"的人看到如下表现。

你拥有了一个"大梦想"，它能够创造出更大的价值，能够帮助更多的人。

你体现出了关于自己梦想的"强渴望"，可以为之付出一生，不屈不挠，永不停歇。

你具备了和梦想以及"强渴望"相匹配的行动力，并且落实到了自己的行动上，而不是纸面上、口头上。

这样的你，就一定能感受到梦想的力量。你可以感动任何一个有资源的人来帮助你，甚至与你合作，去实现你的梦想。你不仅拥有一个巨大的梦想，可以创造出更大的价值，以及帮助更多的人，并且你还因此立下了誓言，不实现这个梦想誓不罢休！你从此拥有了强大的信念和勇气，开始走上实现这个梦想的道路上，并为之坚持不懈，不屈不挠，那么你就可以感动任何一个有资源的人来帮助你，甚至跟你合作，一起去实现这个梦想！

本章作业

1. 如果不设限，你的梦想是什么？这个梦想能够帮助和成就多少人？创造出多大的价值？请你写出这个梦想。

2. 你为什么一定要实现这个梦想？请写出完成这个梦想的50个理由。

3. 到目前为止，你为这个梦想做了什么？也许你还没有梦想，还没有行动，如果你现在就决定行动，请你分别列出将来一年、三年的行动计划。

4. 如果你已经走在了实现这个梦想的道路上，那么请你写下自己做过哪些事情，遇到了哪些困难，你又是怎么样坚持到底的？

Chapter 08

第八章

德·正心之源

一个人有没有德，不是自己标榜出来的，也不是靠别人捧出来的。而是靠自我修行沉淀下来的。讲德时，我们应当心怀敬畏。

有德，方能兴邦安民；有德，方能得道多助；有德，方能正心不息。

为什么科学家英年早逝的情况越来越多？

为什么有些人刚有点名气就离开了人世？

为什么有些领导刚刚升职就患上重病？

……

你可能也听说过很多类似的新闻，但你了解“德不配位”的问题吗？

我们所拥有的财富、地位、名誉……古人用一个字概括，叫“物”。同时，古人也有过这样的训诫：厚德才能承载万物。后来，这句话也成了清华大学的校训——“厚德载物”。

厚，意为深厚。

德，意为按照自然规律去工作、生活、做人做事。

载，意为承载。

物，意为我们的各种“福报”。

与厚德载物意思相反的是，德不配位。“位”是指我们的待遇，这句话说的是我们的德行不配我们的福报。

比如，有一张桌子，它能承受 10 斤重的东西，你非得在它上面放 15 斤，或者 20 斤，甚至 50 斤的东西，那么，这个桌子会产生什么状况？它会开始发抖、变形，到最后可能散架。

“厚德载物”这句古训，不应该仅仅存在于典籍中，更应该铭刻在我们每个人的心中。

金钱、权力、名誉都是对自己的福报，也都是压在自己身上的“物”，你能承载得了吗？靠什么去承载？其中靠的就是符合万物规律的德行。

现实情况是，我们往往过分注重自己的各种福报，却忽略了与之相匹配的德行。比如，我吃得好、穿得好，这些都是福报。对这些福报的正确方式是什么呢？我们要惜食、惜衣，即我们要懂得珍惜，要知道惜福。

“君子爱财，取之有道”，其中的“道”，也是德行的一种体现，并且生死攸关。相信你听说过一些商人以非法手段谋利的新闻，他们完全背离了这个“道”，不择手段地去索取不义的财物，这不是惹祸上身吗？

一个人的德行与他的待遇、福报不相称，后果是很严重的。如果一个人的德行不足，还非要去追求奢侈的生活，开奔驰、住别墅，一顿饭动辄成千上万元……那是在消耗自己的福报，是在浪费。为了出名不惜一切代价、为了挣钱不惜一切手段的人，怎么可能会有好的结果呢？

在此强调“厚德载物”，并不是要用种种可能的恶果去震慑大家。恰恰相反，当你真正把“厚德载物”这一点视为行事准则时，当你真正开始注重自己的德行修养时，你就会感觉到践行“德”所带来的巨大正面效应。

俗话说:“有理走遍天下。”但我想告诉大家的是，有德，不仅能走遍天下，更能识遍天下之人、交遍天下之友。

其实，你可以自问一下：你会相信一个诚信的人，还是不诚信的人？你是喜欢孝顺的人，还是忤逆的人？你是喜欢感恩的人，还是喜欢抱怨的人？你是喜欢付出的人，还是自私的人？

答案很明显，每个人都喜欢诚信、孝顺、感恩、付出的人，都喜欢跟积极、正面、充满正能量的人打交道，而这些不正是“德”的体现吗？

无论是在人生道路上，还是在成为一个伟大演说家的道路上，你具备了足够的德行，就有了被大家信任的基础，这会成为你前进道路上的“护身符”，让你有能力去坦然面对和承载随之而来的一切光环、荣誉、挫折，以及许多意想不到的事情。

对于一个演讲者来说，良好的德行不是点缀品，而是必需品。只有厚德载物，才能让你在这条路上越走越宽，才能获得越来越多的观众喜爱。

这就是我们应该秉持的正心，应该走的正路。

德行，更多的是一种内在的修养，但这并不是说我们一味地闷头“修炼”就行了。好比说，有德之人如同一段千年沉香，如果自己的香味完全内敛，那大家怎么发现它的价值呢？它不能用自己的“香味”让更多人感受到，是不是在浪费自己的价值呢？

优秀的德行是取得别人信任的基础，是拉近与观众距离的黏合剂，那么作为演讲者来说，我们更应该做的是在演讲的时候，展示出自己的德行。这不仅是为了在观众心里树立起自己的正面形象，更是为了影响、感召更多的人走上秉持正心的厚德之路。当然，前提是我们自己先要具备优良的德行，这些德行必须是真实的、有事实参照的，而不是胡编乱造的。

不过，在展示德行之前，我们先要了解德行是通过什么方式表现出来的，这样才能够去做有针对性的展示。

每个人的德行都是由心而发，按表现形式来划分，可以分为两种：一种是外在的德行，一种是内在的品德。

其中，外在的德行，就是你参加过哪些慈善活动或者公益活动？你有没有助人为乐的行为？你给受帮助的人带来了什么样的价值？这些都是德行的外在表现形式。

福布斯2019年中国慈善榜上，许家印以捐款40.7亿元人民币位列榜首。作为恒大集团的创始人，幼年的许家印是在贫穷中度过的。许家印不到2岁时，母亲就因败血症不幸离世，他就吃百家饭、穿百家衣，在乡亲的帮助下长大。长大成才后，他知恩图报，不仅给自己的家乡修路、建学校，还帮扶许多贫困地区的人民脱贫致富。

相似的人物还有很多，香港的邵逸夫是香港邵氏兄弟电影和TVB电视王国的掌舵人，一生捐款超过100亿元。在全国很多高校内，我们都能看到邵逸夫图书馆，还有很多医院里的邵逸夫楼，也是出自他的捐赠……

这些企业家为何要捐款做慈善？一方面，这是在饮水思源，他们知道自己的成功离不开国家的扶持，自己的财富源于社会，就要回馈国家、社会；另一方面，这也是在公众心目中树立良好的形象方式之一。事实上，这些慈善义举也确实给他们以及他们的企业带来了很好的口碑。

或许你会说，上面那些大人物都是身家过亿的富豪，如果我像他们一样拥有庞大的事业王国，像他们一样富有的话，我也会给国家和社会捐那么多钱。

其实，德行和贫富无关，而且捐款也只是体现优良德行的一种方式而已。如果一个人的内心善良，充满善念和正能量，是一个愿意付出、愿意帮助别人的人，即使他没有能力捐款，他也会在日常生活中给予别人力所能及的帮助，这同样值得大家尊敬。

如果我们细心观察，会经常看到在地铁里、马路边有很多“志愿者”，他们不辞辛劳、不计较个人得失，冒着日晒雨淋协助交警指挥交通秩序，为这个城市的美好贡献自己的力量。即便这种力量看起来很微薄，但是他们的这种精神值得我们推崇，他们的优良德行值得我们尊敬。

同样，只要你由心而发，哪怕只是用自己的空闲时间，用自己的力量去帮助身边的人，你也是行走在“厚德载物”的路上。当然，这个“德”还需要你不断地积累，让它越来越厚重、越来越宽广，最终才能承载起万物。

而内在的德行，就是你内心具有的多种优良品德。比如，感恩、忠诚、善良、无私……你具备了这些品德，那你在为人处事中就一定会体现在行为之中，而这些行为，都会成为你内在德行的有力“佐证”。当你把这些分享给观众的时候，就是在展示你的德行。

作为一个演说者，除了要不断地积累自己的“德”之外，还要持续地去展示自己的德行。至于具体的展现方式，根据我的演讲经验，可以通过以下三个层面进行展示。

第一个层面，展现你的慈善义举。

你有没有参加过一些慈善活动？
你有没有参加过一些公益活动？
你有没有默默地为大众谋福利而不计回报？

在这些类似的活动中，你帮助了哪些人？他们在你的帮助下，发生了什么改变？获得了怎样的效果？

我从2017年开始组织大学生的公益演讲活动。期间，我走进了全国多所学校，帮助学生组建演讲团，为他们分享演讲技巧的同时，还传递做人处事的正心。

到今天为止，我已经在13所高校里创建了“演说侠·大学生公益联盟”，希望能够通过不断的努力，践行自己的初心，帮助大学生通过演讲树立正确的价值观和人生观，从而找到自己的梦想，找到人生的发展方向。

说起“演说侠”，我始终感觉这个“侠”字和演说之间有着千丝万缕的联系。

在我国传统文化中，“侠”总是和匡扶正义、扶危济困的义举相关联，也正是因为这个，国人的血脉里往往有着与生俱来的“侠情结”。从这个意义上来说，我们对“侠”的崇尚，其实就是对“德”的向往。如果没有发乎于内的厚德之心，又怎么做得出侠义之举？

其实，演说也是如此，当我们心怀正心，站上舞台时，目标只有一个：为到场的所有观众创造最大的价值。或者让他们摆脱当下的困境，或者让他们找到新的人生方向，或者让他们实现真正的自我价值……无论以何种方式帮助他们，无论帮助他们实现了什么样的目标，这样的演说，也是在行侠义之举。

在我的心里，演说之道也是侠义之道。我始终坚信，“演说侠”之路，也是我的“厚德载物”之路。既然如此，那我就想让更多的人加入进来，让更多的人走上“演说侠”之路、走上“厚德载物”之路。这也是我创办“演说侠·大学生公益联盟”的初衷。

当我把这些故事分享出来的时候，你是不是加深了对我的认知？你是不是会对我的德行和所做的“演说侠·大学生公益联盟”表示赞赏？由此可见，要获得观众发自内心的信任，你必须要找寻或者累积这方面的经历。当然，这些经历都必须是真实的，绝对不能为了取悦观众而胡乱编造，否则，就完全背离了德行的方向。

第二个层面，展现你的正面价值观。

或许，你会觉得“价值观”是一个比较抽象的概念，难以理解，或者难以用语言描述出来。具实，从另一个角度来说，正面的价值观也可以理解为自己具备的优点和美德。可能很多人会认为，自己并没有什么突出的优点或者美德，其实不然，只是你没发现而已。比如，你不妨仔细想一想，从懂事那天起，我们每天都会面临着大小不同的困难，其中很多困难，以当时的眼光去看，都是难以想象的困难，但是经过努力，自己也成功地走过来了，不是吗？

现在回头去看，如果我们当时无法战胜那些困难，又怎么会有现在的成就呢？因此，可以说，克服困难的这种精神就是一种美德，而面对困难时所采取的积极态度，以及解决困难时所采取的各种方法、行动，这些都是你本身具有的正面价值。

回想我们上学时，班里某个同学遇到了困难，你去主动帮他解决。再如，扶老人过马路、拾金不昧……这些生活中的小事其实都是美德，背后反映的就是你为人处事、待人接物的一种正确的价值观。

看到这里，你是不是一下子就找到了自己很多的优点，以及背后所体现的正确的价值观？其实，我们不是没有优点，只是缺乏了发现它们的能力，缺乏了认可自己的习惯。

与杰出人物或者成功人士相比，我们所取得的成绩可能很渺小，但是不能因此而小看自己。因为与懒惰的人相比，我们更勤奋；与迟钝的人相比，我们更聪明；与无情的人相比，我们更有爱心；与浪费的人相比，我们更懂得节约；与懈怠的人相比，我们工作更积极……你还会担心找不到自己的闪光点，还会认为自己不如别人吗？

我们除了可以在成长过程中找到自己的优点、美德和背后正确的价值观外，还可以在实践中找到自己的优点。比如，如果你发现自己的普通话不标准，这会阻碍你成为一个好的演说家，那你就会去挑战这个困难，在学习中不断完善自己。再如，你喜欢读书，但是阅读的速度很慢，于是通过请教别人，改进自己阅读方法，提升阅读效率……这些成长过程都隐藏着你的优点：当你意识到自己的不足时，虚心向别人请教。很显然，“虚心学习”就是你的正面价值观表现之一。

我们不仅要善于发现自己身上的闪光点，同时，还可以从别人的评价里总结自己的优点。在平时，多留意一下别人是怎么评价自己的，他们的感激、他们的赞美、他们的敬重……同样也包含着你的优点、美德以及正面价值观。

看清了自己身上的优点之后，我们就要进一步强化它们，大胆地把它们展现出来，不要怕被人嘲笑。最终，你会发现自己并不是一个平庸的人，而是一个处处充满闪光点的人。古希腊哲学家苏格拉底说道：“认识你自己。”只有当你感知到了内在的自己，了解到自己的禀赋和特质，寻找和整理出“真我”之后，你才能在演讲中把自己的优点很自然地植入进去，才能把你的言之有物的故事分享给大家。

当然，我们在展现自己的内在德行时，也需要技巧。当你罗列出自己的优点、美德，并找出背后所体现出的价值观时，你不妨再筛选一下，看看哪些价值观对你来说，是更重要的。比如，我自己在组建团队时，最看重的价值观就是：正心、利他！如果一个人内心没有正义和善良，那是无法真正持久地去帮助他人。特别是我们从事的是教育培训行业，如果没有这样的本真，是很难在行业里行稳致远，更别说去帮助别人。

说到这里，我给大家分享一段小故事。

在演讲现场，我经常看到很多宝妈来听课，她们往往是左手抱着孩子、右手拿着笔，不停地在做笔记。一旦孩子哭了，她们会暂时离场，害怕影响到旁边的人，等回到教室后，又全身心地投入学习中。

为此，我特意采访过一位宝妈："为什么要带着宝宝一起来上课？"

她说："我现在没有能力请保姆，家人也很反对我学习，只希望我天天在家带孩子。但我想活出自己的价值，成为孩子的榜样，我要为孩子创造一个更好的未来。"

听完这段话，我的内心无比感动，也下定决心：为这些宝妈们单独开设一些线上的分享课程，让她们在家里可以一边带孩子，一边学习。在我的心里，为她们讲课已经不再是一项工作，而是一种责任。

其实，演讲就是这样，只要你心怀正心、心怀善意，那你站在台上时，你一定会无数次被台下的观众所感动，你的责任感和使命感会不由自主地生发出来，要帮助他们，让他们获得更好的生活状态。

可以说，"正心""利他"是我能够站上舞台，成长为演说家的立身之本，也正因为如此，我在组建团队时会特别关注伙伴们是否和我有一致的价值观。并且，在给观众展示自己的价值观时，我也会反复强调自己拥有的优良品德，让他们能够更全面地认识我，进而受我的影响，形成和我一致的正向价值观。

因此，你要把你的众多优良品德、正面价值观，结合自己的经历，分享给观众，这是在展示你的德行，也是在用你的优良德行去感召更多的人。

另外，当你站在台上分享时，一定要记住：你现在所讲的行为，就是你已经具备的德行，并且你一直在贯彻和执行这个理念。

第三个层面，以故事为载体进行展示。

如果想让观众更直观、迅速地感受到你的优良德行，你必须为每一个重要的品德行为寻找一个故事，而且尽量从你的亲身经历中找素材。比如，你想告诉大家自己是一个很懂得感恩的人，请问：你如何向观众展现自己的感恩品德呢？你做了哪些事情，或者在你生命中曾经发生过什么样的故事，能体现出你在感恩方面的价值观？

显然，这时候你喊再多的口号，不如分享一个真实的故事更有效果。对我自己来说，我经常会在台上分享关于感恩方面的故事，尤其是下面这个小故事，经常被我拿来分享。

我刚刚步入社会，遇到了生命当中非常重要的一位恩师，他就是张运华老师，也是中央电视台东方名家的主讲嘉宾。

那个时候的我，大学肄业，什么都不会，更致命的是我对生活没有自信。但是，张老师仍然煞费苦心地教导我，并持续不断地给予我走上舞台的机会，使我得到了快速的锻炼和成长。更重要的是，在我最迷茫的时候，张老师帮助我找回了对生活的自信。

现在，张老师虽然因为身体原因，已经很少登台演讲了。只要他有演讲需要我帮忙，无论我多忙，我都会第一时间赶去帮忙。今天我为张老师所做的这一切，就是为了回报他当初给予我学习的机会，给予我登台的机会。如果当初没有张老师给予我的机会和信任，也不会有今天站在舞台上绽放光芒的我。

我相信，在你的生命中，一定可以找到类似的经历，这些看似普通的故事，恰恰能真实地反映你的优良德行。比如，你是一个特别讲义气的人，那么在你的生命当中有没有一个特别的故事，让其他人一听就会说："哇，你真得好讲义气啊！"

仔细回想一下，把相应的故事罗列出来，分享给大家。这样的德行展现，会让你的美德和价值观在观众中产生"蝴蝶效应"，为你带来更深入人心的影响力。

在讲述自己故事的时候，要谨记以下三个原则。

第一，不要为了讲故事而讲故事，要为阐述自己的观点而讲述故事，故事的主题要与你所讲述的内容一致，自然导入，否则会给观众以画蛇添足、牵强附会的感觉。

第二，自己要讲述的故事，必须能感动自己。只有这样，你在分享故事的时候，才能真情流露、感动观众。生动感人的故事是演讲者表达感情的重要途径之一，尤其是在演讲的高潮处，会情不自禁地讲述某件难忘的事情，感动了自己，震撼了观众。

第三，你必须要清楚地知道：你向观众展现的所有品德、行为、价值观，都是发生过的，不是你想象出来的，更不能去编造一些故事糊弄观众。当你站在台上演讲时，如果大家一眼就能识别你是在“演戏”，他们就会觉得你所说的一切都是假的。对此，著名主持人杨澜曾说过一段很有道理的话：“翻遍了所有主持人的书，采访了无数著名的主持人，最可贵、最能打动人的就是真诚。”

因此，我们一切的德行展示，必须要以“真”为基础，如果脱离了“真”，所谓的“德”就变成了空中楼阁。

切记，不要为了取悦观众，想象自己应该具备什么样的品德，而是你已经具备了什么样的品德，用讲述真实的“德”的故事，去获得大家对你的信任。这个主次顺序一定不能颠倒。

在翻开这本书之前，你可能只把“厚德载物”视为一句古训。但是，在你成为一个卓越演说家的道路上，它更应该是自己坚守的信条——有德，正心生生不息！

本章作业

1. 请列出三件事情，说明你曾经做出的贡献，创造的价值，以及帮助过的人。

2. 请列出在你生命当中，能体现你的真实的品德以及价值观的三个故事。

3. 针对每一个品德故事，筛选一个最能体现你的价值观的故事。

4. 把每一个品德故事演练10遍，然后把相关的故事穿插在你的演讲当中。这样，观众就会透过这些故事，了解你的品格，体验和感受你的人生，并且更加信任你。

Chapter

09

第九章

坚·正心之花

生命的意义，不在于单纯的长度，而在于其厚度。

它不应该平淡无味，更应该热烈丰富。

伟大的信念，点燃你生命中的圣火；无畏的坚守，绽放出你的正心之花。

任何时候，都不要放弃对信念的坚守。

有一天，朋友给我讲了一个故事。

一个 11 岁的女孩子，她的臂部长了个小疙瘩，后来截了肢，伤口被感染了，病情恶化得很严重。医生说，她暂时没事，但最多只能活两年。

孩子的母亲得知孩子无药可救时，伤痛欲绝，决心让孩子快乐地走完余下不多的路程。孩子不能动弹，吃饭、喝水都得有人喂，大小便也得有人帮忙，做母亲的一开始也能尽心尽责，但半年后，母亲有点不耐烦了。

孩子的母亲是个基督徒，每天祷告，希望孩子早点走向极乐世界。刚开始时，孩子的母亲还避着孩子，悄悄地祷告，后来就在孩子面前祷告。

孩子从知道她祷告内容的那一天起，就再也不理她妈妈了，并且精神越来越萎靡，吃得越来越少，终于在一天夜里永远地闭上了双眼……

朋友眼眶里有泪花在打转，声音也开始发抖，"母亲祷告也有客观原因，第一，她太专注于那个孩子，必然会忽略了其他孩子和丈夫；第二，她经常目睹孩子病痛发作，再也不能忍心看着孩子被痛苦折磨了，但是……"

朋友叙述的声音陡然提高，"但是那孩子至少还可以活半年！这是我做医生的表弟对我说的。孩子的提前去世，是因为母亲的祷告断绝了她生的希望。"

看完这个故事，我很难确切地描述自己心里的感觉，是该感叹生命的脆弱，还是该为伦理关系失常而愤怒？这好像很难有一个确切的答案，不过这倒是让我想起了史铁生的中篇小说《命若琴弦》，该小说讲的故事如下。

一老一少两个瞎子，老师父常年带着小徒弟在群山中流浪，靠着给山民说书，换些微薄的口粮。

老瞎子的柳琴底部藏有一张神奇的药方，是他的师父亲手放进去的。那时他还很年轻，眼睛忽然失明了，痛苦地想结束生命，这时遇上了师父。师父把藏药方的柳琴递给他并说："去弹唱，等弹断一千根弦，用这一千根断弦作药引，按药方抓齐药，服下，就可以把你的眼睛治好了。"

把眼睛治好，就成了老瞎子的人生追求；弹断一千根弦，这成了老瞎子的人生目标……走啊，弹啊，肩头上的断弦越来越多，额头上的白发也越来越多，不知不觉中，自己由英俊的少年变成了驼背的老人。但他心中的希望从来没有破灭，他渴望再看一眼多彩的世界。

第一千根弦终于被弹断了，老瞎子背着一捆断弦，挟着柳琴来到药铺。老瞎子取出药方后，药铺老板对此感到惊异，老瞎子再三催促药铺老板读一下，老板嗫嚅着说道："这上面什么也没写，只是一张白纸。"

瞬间，老瞎子明白了师父的苦心，明白了人生的真谛，也明白了自己见不到明天的日出了。但是，不能死在这里，他想到了小瞎子。

深夜的时候，他在小瞎子身边，轻轻地打开小瞎子的琴，悄悄地把那张白纸放进去，最后把琴递给小瞎子，并缓慢地说道："不是一千根，而是一千二百根，是我记错了。我没有时间再弹了，现在把药方给你，等你弹断一千二百根时，按药方抓药，服下，就可以把你的眼睛治好了。”

第二天黎明时分，老瞎子去世了。从此，小瞎子开始专心地为弹断一千二百根弦的目标奋斗了。

第一个故事里的小女孩是不幸的，她在母亲的放弃中走完了生命的最后一程；第二个故事里的小瞎子是幸运的，老师父把自己对信念的坚守传承给了他。老瞎子传给小瞎子的不是一张白纸，而是一盆圣火，其中蕴藏着生的希望和生的力量。

千万不要小看这种力量，生命本身就是一种奇迹，而这种力量，却往往能在普通人的生命里创造更大的奇迹。

有一位老人，孤零零地坐在竹椅里，一边晒太阳，一边等待死神的降临。

可是，有一天，他突然发现自己还不能死，因为他在路边捡到了一个被遗弃的小女孩，她还非常小，如果没有人照顾，可能今夜就会冻死在街头。

老人从竹椅里站了起来，他对自己说：“我还不能死。”

老人开始在城市里捡垃圾，然后用换的钱，供小女孩吃饭、穿衣和上学。

每天早晨和晚上，老人都要对自己说一遍：“我还不能死。”

这样过了二十年，小女孩长大了，并且也大学毕业了。当她找到所爱的人嫁了之后，老人松了口气，对自己说："我可以死了……"

无疑，老人又活了二十年。或许，老人濒临死亡时并没有那么大的力量，能支撑他又活了二十年，但他就是奇迹般地坚持下来了，因为这二十年里，他的心里一直有一盆熊熊燃烧的烈火。

其实，我们每个人心里都有一盆烈火，当它被点燃时，你便会深刻地感受到生命的庄严与可贵，你会发现自己充满了前所未有的力量，能够平静地接受现实、面对现实，也有勇气积极地去改变生活、创造未来。

那么，是什么点燃了心中的烈火呢？是信念，以及对信念的坚守！

在人生的征途上，当我们感到无助时，信念可以给予我们信心和勇气，鼓励我们继续探索、前行；在我们感到迷茫时，信念可以唤醒我们内心强大的渴望，让我们坚定地朝着目标一步步前行。而没有信念的人生是黯淡无光的，可能因为一次挫折就消沉到底，可能因为一时困境就迷茫终生。

当然，我们需要的并不仅仅是信念，还有对信念的坚守。坚守自己的信念，即便遭遇任何不幸，你也有重新振作起来的能力。人生的苦难本来就有很多，人与人相比，不是比谁的经历更苦、比谁的苦难更多，而是看谁最后能挺得过去。

凭着强大的信念挺过去的，就是英雄；挺不过去的，就可能走向人生的低谷。

美国黑人领袖马丁·路德·金，为黑人争取平等的权利而奉献了自己的一生。他为了激励黑人的斗志，到处发表演讲，最著名的是 1963 年在华盛顿林肯纪念堂发表的演讲——《我有一个梦想》”。

他之所以能成为黑人运动的领袖、成为世界和平的使者，是因为他用自己的生命坚守了自己的信念。正是这种不屈不挠的坚守，支持着他。当然，这个世界也永远记住了马丁·路德·金这个名字。

其实，像马丁·路德·金这样的信念坚守者并不少见。比如，智能手机的革命者乔布斯，他有一个大家非常熟悉的信念：活着，就是为了改变世界！在坚守这个信念的道路上，他推动了智能手机革命性的发展，彻底改变了我们的生活方式和沟通方式。可以说，坚守信念的乔布斯，不仅影响了成千上万的人，而且为人类开创了全新的生活方式。

还有德国数学家鲁道夫，他花费了毕生的精力，把圆周率计算到小数点后的 35 位，是当时世界上最精确的圆周率数值。他在离开这个世界时，特别叮嘱了身边的人，用“π ＝ 3.14159265358979323846264338327950288”作为他的墓志铭。这个墓志铭言简意赅地说明了他一生的追求以及生前坚持的信念。

而法国文学家、哲学家伏尔泰，则通过代表作《哲学通信》《路易十四时代》《老实人》等，开创了法国资产阶级的运动，被誉为“法兰西思想之王”“法兰西最优秀的诗人”“欧洲的良心”。在他去世后，墓志铭上的文字记录了他一生的坚守：诗人、历史学家、哲学家，他拓展了人类的精神，并且让每个人都懂得精神是自由的。

纵观历史，但凡取得巨大成就的人，都是在刚开始时便深深地相信自己的梦想可以变成现实，相信自己可以为这个世界创造出巨大的价值，正因为他们这份坚定、执着和信念，才使他们坚持不懈，为了自己的信念全力以赴。最终，成了自己心目中想要成为的人。

在演说界，当然也不乏这样的传奇人物，这里我特别想和大家分享我的偶像尼克·胡哲的故事。他是世界著名的励志残疾人演讲家、“澳大利亚2005年度青年”。

作者与尼克·胡哲（右）合影

虽然他一出生就没有四肢，长大后身高不足一米，却走遍了全球68个国家和地区，受到18位总统的接见，并在全球举办了1 600多场的演讲。

他永不放弃的精神，激励了数亿人，让千千万万的人通过他的演讲获得了信念。

正如尼克·胡哲所说："如果世界上没有奇迹，就让自己成为奇迹！"在世人认为几乎不可能的情况下，他不仅学会了骑马、打高尔夫球、游泳、冲浪、打鼓、踢足球等，还获得了 2 个大学学位，并成为 2 个国际公益组织总裁，同时还拥有自己的演讲公司，出版了《生命更大的目标》《人生不设限》《永不止步》《爱情不设限》等书籍和 DVD 作品。他就是凭着强大的信念，一步一步地找回生的希望。

1982 年 12 月，尼克·胡哲似乎是带着命运的诅咒来到了人间。他出生时没有双臂和双脚，只在左侧臀部下面的位置有一个带着两个脚趾头的小"脚"，他自称"小鸡腿"。这个样子把他的父亲吓得跑到产房外呕吐，他母亲也无法接受这个事实，直到他满 4 个月才敢抱他。

因为天生身体上的缺陷，他成了别人眼中的"怪物"。即使他父母经过万般的努力，让他进入学校就读，他还是遭到了周围同学的欺凌，这让他一度陷入消沉。他不止一次向妈妈发出"想死的绝望嘶吼"，甚至还试图在浴缸里自溺。

直到 13 岁时，他在报纸上看到了一篇关于一个残疾人为自己设定目标、逐步实现目标，并在成功路上帮助他人的故事，这让尼克重拾遗落许久的信心。他决定树立起自己的第一个信念：以帮助他人为目标！接着，他报名参加竞选高中学生会主席，结果以压倒性的优势获胜，并被当地媒体评为"勇气主席"。

16 岁时，尼克在一次小型聚会上发掘了自己的演讲才能；19 岁时，他给学校相关负责人推销自己演讲，在被拒绝52次之后，终于获得一次机会，从此开始用自己的故事进行演讲，激励世人。

“Give up（放弃），还是Get up（站起来），这是每个人必须面临的选择。你们看到，像我这样直接地摔倒了，脸朝下，没手，没脚，要想爬起来，这似乎不可能。你们认为，我就这样放弃吗？不！当我摔倒了，我会尝试着站起来，一遍又一遍。”尼克常常在演讲现场演示这个摔倒了又站起来的场景，正是这种不服输的姿态，赢得了千万人的尊敬。

2002年，尼克在南非遇见了一群被艾滋病困扰的孤儿。孩子们憔悴的面容，充满渴望帮助的眼神，让他坚定了投身公益的信念。从此，他四处演讲筹资，为非洲的孤儿们带去生存的希望。

尼克为公益奔波的身影，也常常在中国出现。汶川大地震发生后，他立刻捐出100所希望小学，给失去学校的小朋友提供一个学习场所，并以演讲来激励被地震伤害的难民。

2012年，他再次来到中国，在清华大学举办了一场演讲，并将所募的款项捐出，以作为关爱留守儿童专项基金，用于四川、云南山区留守儿童专用项目，并每年捐建一所希望小学。

在这个过程中，他还遇到了美丽的妻子。现在，尼克已是四个孩子的父亲。

泰戈尔曾在诗句中说：“世界以痛吻我，我却报之以歌。”这句话成了尼克人生的注解。在多少人期盼遇到人生奇迹的时候，他却把自己活成了奇迹，活出了生命的意义！

如果这一切不是真实存在的，你能相信一个没有四肢的人可以取得如此成就吗？我相信，绝大多数人都会认为，这简直难以置信，但是尼克做到了。更确切地说，他用对信念的坚守，实现了这些几乎不可能完成的目标。

这就是当你相信什么，坚守信念，你就会实现什么！正如拿破仑所说："我成功，是因为我志在成功！"正是凭借着对这个伟大信念的坚守，他开创了法兰西第一帝国，并成为法兰西第一帝国的缔造者。

从前面的故事中，我们不难看出，一个人对自己的信念有多强的坚守，就能迸发出多大的力量。这其实也是符合心理学道理的，其中有个说法叫作"自我实现的预言"，意思是指一个人常说的那些话，最后可能会成为他自己的生命预言。因为当一个人说出来之后，出于人最本质的自恋需求，他会在潜意识中努力去证明自己是对的，那就会推动事情朝着这句话的方向发展，最后在不知不觉中让这句话变成现实。

就像日常生活中，有些人会不停地抱怨：赚钱很难，赚钱很苦……结果他们的生活也真就变得越来越拮据，赚钱成了一件特别辛苦的事情；但是有些人恰恰相反，他们觉得赚钱是一件很开心、很快乐的事情，即使再忙碌，也是乐在其中，根本不会有任何抱怨。相应的，这些人的生活往往是越来越富足，轻松愉快地就赚到了钱。

有了信念，并且能够去坚守它，这样的你就拥有了创造一切奇迹的力量。那么，这个信念到底是怎么产生的呢？难道就是我们突然之间冒出的一个想法、一个目标，就能变成了自己的信念吗？

当然不是，实际上信念的形成、确立，和我们所处的环境是息息相关的，不同的生活环境往往能造就出不同的信念。因为我们时刻都在受环境的影响，在日积月累之下，这些影响会使我们形成不同的信念，而不同的信念，往往又会成就不同的人生。

或许，你会觉得，现在这个社会，资讯已经很发达，互联网为我们创造了大量的机会，每个人每天都会收到大量的新信息，随时可以从自己的旧环境进入一个全新的环境。

与过去相比，虽然我们的信息渠道宽广了很多，生活环境也有了大幅度的改善，但是如果我们的思维跳不出身边固有环境的约束，即使生活在互联网的环境里，没有了地域限制、空间限制、时间限制，我们依然会因为不一样的信念，而产生出不一样的结果。

现如今，你会看到，同样是在互联网趋势下，有些人把握住了新的机会，接受了新的市场法则，成功的借到了东风，顺势而为，干出了一番事业。而有些人不但不接受环境的改变，反而还在抗拒它、抱怨它，结果因为自己的不改变而最终被社会淘汰。

信念会受到身边已有环境的影响，但同时，信念也是能够让我们跳出“旧环境”、跨进“新世界”的强劲力量。当然，如果你的信念始终停留在“旧环境”的框架中，即便你进入一个新环境，除了表面上的不同，你思维的维度是不会有任何改变的，你也得不到预想的结果。这就是说，改变自己的信念，才能够改变你的人生维度。

其实，这也是寻找我们生命中最重要的那把圣火的过程，找到你为之坚信不疑的信念，想一切办法践行它，把属于你的圣火点燃，你会发自内心的相信：自己也可以成为价值的创造者和贡献者。

当你怀着这种神圣的使命感走上讲台，并把这一切分享给大家时，就会更容易获得大家的尊敬和佩服，而且是发自观众内心的敬仰。如果能做到这一点，你在成为一个卓越演说家的路上跨进了一大步。

那么，我们到底要如何实现这一切呢？做好以下三件事情，你就能拥有一个有力的信念，并且在坚守之中，绽放出属于你的正心之花。

第一件事情：你必须收集那些取得非常成功的人的信念。

他们之所以能够成功，之所以能成为伟大的人，多是因为他们拥有坚定的信念，而这些信念会给我们启示和力量。

世界潜能激励大师安东尼•罗宾有一条信念深深地影响着我：人的大脑只能装一样东西，不是你所渴望的就是你所恐惧的！正是因为这样的信念，让他战胜了命运给他的一次又一次的挑战，从一个每天只能睡在废弃车里的穷小子，最终蜕变为世界上最受欢迎的潜能激发大师。

为什么很多人上台无法讲话？就是因为每次上台前，大脑中想象的都是恐惧的画面：忘词了怎么办？没人互动怎么办？台下的人嘲笑我怎么办……而这些画面带来的结果，只会让自己的情绪变得更加紧张，继而引发更大的恐惧，使自己陷入一个“死循环”里。

我在登台之初也是这样，因为太在意别人的眼光，上台后常常紧张得大脑一片空白。但是当我领会了这条信念时，犹如醍醐灌顶、豁然开朗。与其大脑里充满着各种恐惧，不如想像一下，台下的观众是多么期待我的出现：他们的眼里流露出渴望的眼神；他们的状态是那么的兴奋；他们的掌声是如此的热烈和持久，仿佛等到了生命中最重要的人出现……一幅幅画面犹如电影般在我的大脑中闪现出来，让我有了完全不一样的感受，甚至我开始期待站上讲台，与听众们互动交流，因为在这里，我找到了让自己生生不息的无穷力量。

想象一下，如果我们每天起床一睁眼，大脑里装满的全部是生活的美好，相信自己今天会遇到好的人、好的事，会不会让我们过得更快乐？更积极？充满正能量的迎接生活给予我们的一切呢？因此，好的信念会让我们感到越来越幸福，越来越幸运！

安东尼•罗宾说，每个人都具有成功的特质，成功是人生的必然，而要快乐地获得成功，首先就要把自己当作领袖看待，树立伟大的信念。因此，如果你要成为一个成功者，或者对人类有贡献的人，你可以先找到你心中想要模仿的人物，看看他们的信念是什么。

从收集伟大人物的信念开始做起吧，在那里，就有属于你自己的伟大信念的萌芽。

第二件事情：找到成功人的信念后，自己把它背下来，而且每天不断地重复讲述，让它们深深地烙在你的心里。

当你把他们的信念背得滚瓜烂熟、记在心时，接下来要做的就是：模仿和想象。想象你已经拥有了这样的信念，在这个过程中，你最终会成为这种信念的拥趸者，进而利用这些信念去改变自己的命运。

说“改变命运”并不是我在夸大其词，“命运”是什么？瑞士心理学家荣格说：“人生就是由潜意识引导的结果，而你称其为命运。”

我们的人生，也就是我们常说的命运，其实往往就是我们的潜意识推动多年的结果。当潜意识被呈现出来时，你的命运就有可能因此被改写！

当你相信自己会这样时，你的潜意识就会被激发出来，进而发挥出巨大的作用，帮助你获得想要的结果。这就像美国作家爱默生所说的，一个人就是一天到晚自己所想象的那个样子。

如果你有机会到我家做客，会看到我的房间里贴满了许多个成功人物的信念，也包括世界上伟大的演说家们的信念。因为我要时刻提醒自己，我要把这些信念记在心里，刻在大脑里。

通过这样不停地背诵，把这些信念熟记于心，天长日久，它们就会生根发芽，转化为你的信念。

第三件事情：当你完全把这些信念转化为自己的信念后，你要为每一个信念，找一个属于自己的故事。

为什么一定要为每一个信念找一个属于自己的故事呢？因为故事可以把相应的信念融入你的生命，成为你生命不可分割的一部分。这样，你才能从中汲取真正的力量，才能用信念去感召无数观众。

在这里，我给大家分享一个自己的小故事。

25岁那年，我在家乡内蒙古乌海市创办了第一家正规的医疗整形医院。刚创办的时候，有很多求美者慕名而来，并不是因为想变得更美，而是来修复过去失败的手术所留下的“后遗症”。他们中的有些人，因为以前的整形失败而失去自信，还有人因为整形失败而被另一半抛弃……

当我看到那些求美者眼神里的焦灼、渴望时，当我感觉到他们把我当作“救命稻草”时，我明白了销售领域流行的一句话：一切成交都是为了爱！

从那个时候开始，这句话让我深信不疑，并且成为我非常重要的销售信念！我知道，只要我们用心地去服务，让成交多一个人，就可以少一个人受到不正规的整形机构带来的伤害。当我带着这种信念去分享我们这家医疗整形医院时，博得了当地越来越多人的信任，而这里面，一个亲身经历的故事起到了至关重要的作用，它让我可以毫无迟疑地坚守自己的信念！

如果说你也是一个销售人员，那你是不是也坚信“一切成交都是为了爱”？ 如果你的答案是肯定的，那你的这种肯定又有多少底气呢？为自己的这个信念找一个故事吧，它会帮助你做到极致的坚守：坚信自己可以在任何时间、任何地点，说服任何人，没有人可以拒绝你。

当你有了这种永不退缩的坚守之心，你就会很自然地相信，即使这一次被你拒绝了，但我成交的次数，永远都会比拒绝我的次数多一次！

无论他怎么拒绝你，最后你还是可以去与他成交，对不对？

说到这里，其实我自己也有这样的经历，不妨给大家分享一下。

有一次，在与一个意向客户的交谈过程中，可能因为我当时的心态比较急，很想尽快促成跟他的成交，所以我每天都持续不断地给他发信息，甚至还影响到了他的正常生活。

有一天，这个客户忍无可忍，给我回了一条信息：你能不能不像一条狗一样每天都缠着我呀？

当我看到这条信息时，真是又气愤又尴尬！即便如此，我仍然坚信自己可以帮到他，自己一定能够跟他达成成交！所以我回了他这样一条信息：李总，如果您团队里的伙伴，也能够像我一样，每天都像狗一样缠着您的客户，那么您的团队的绩效和业绩会是什么样的结果呢?

在我的坚守之下，客户主动为他的过激语言向我道歉，而现在，我们不仅保持着很好的合作关系，还成了好朋友!

我与客户的成交都是源自于心中的那份“爱”，爱惜奋斗时的艰辛；爱惜员工的不易；更爱惜不打不相识的友谊，所以“一切的付出都是为了爱”！

这就是坚守信念的力量，而一个亲身经历的故事，可以让你把这种坚守做到极致！因此，你一定要根据自己渴望拥有的每一条信念，去找出属于你自己的人生故事。它能够让你越来越坚定、越来越强大，也能够让你在演讲中把自己的信念和坚守自然而然地表达出来。

当观众从你的演讲状态中，感受到你拥有坚定的信念、矢志不移的坚守，以及背后的故事带给你的非凡能量时，他们会深深地为你着迷，对你产生无比的信任感。

不管是在人生的道路上，还是在成为一个卓越演说家的路上，这盆烈火都会成为你不断前行的力量，这份坚守必将绽放出属于你的正心之花!

本章作业

1. 请你找出10个典范人物，每个人物至少找出一条信念，并把这些信念记录下来。

2. 把每一条信念背后的故事，或者跟这个典范人物有关联的故事写下来。

3. 把这些信念以及相关的故事制作成小卡片，或者录成小视频，让自己持续不断地看、听、模仿，想象你已经拥有了这些伟大的信念。

4. 根据这些信念，找到属于自己的故事，找到你生命中的烈火。然后，你不断地背诵，直至在你的心里生根发芽。最后，你就可以在演讲中，试着把这些信念通过故事讲出来。

Chapter 10

第十章

破·正心之果

不要被成功的结果迷惑了双眼，
真正无价的，是成长的过程。
成于昨天，长于今天，
今天存在的最大意义，就是突破昨天的自己！
每一次突破，都是你人生路上的正心之果。

任何人无论干什么事，习惯性地羡慕成功者，都渴望自己也能成功。那么，成功到底是什么呢？

按照世俗的看法，当一个人在社会上取得了财富、名誉和地位时，我们就说这个人成功了。但事实上，这只是成功的外在表现而已。从本质上讲，成功不是得到了什么，而是一个人成长的自然结果。只可惜，在物欲横流的今天，越来越多的人只追求成功的结果，不追求自己成长的过程，这是令人无比悲哀的事情。有些人甚至还会说，读书上学有啥用？林肯小学都没毕业，一样成为美国总统！李嘉诚中学都没读完，一样成为香港首富！比尔·盖茨大学都没读完，一样成为世界首富！

我们不能否认，有很多名人的确没有高学历，但更不能忽略一个真相：他们虽然没有高学历，但他们都保持着超高的学习力！一个人的学历代表着过去，一个人的能力代表着现在，而一个人的学习力则代表着未来！

一个孩子如果不上学，7 岁可以开始放羊了，长大后能放一群羊，但是除了放羊，这辈子也就干不了别的了。

如果这个孩子小学毕业，在农村可以学习新技术种田，在城里可以打工、做保安，或者做些小生意。

如果这个孩子中学毕业，就可以胜任更有技术含量岗位。

如果这个孩子是大学毕业，他完全有可能成为一个工程师，设计高楼大厦、道路和桥梁。

如果这个孩子是硕士博士毕业，或许他还能发明创造一些我们从来没有过的东西，甚至改变这个世界！

我们强调学习的重要性，并不是看重学习这个动作，而是看重它带给我们的持续成长。今天，你做了学习主人，那你就走在了持续成长的道路上，明天你才能成为人生的主人！

我们常说“只问耕耘，不问收获”，耕耘就是不断的成长，而收获则是必然的结果。如果我们只向往结果，人生必然如同拔苗助长，最后枯萎而死。我们都见过飞舞的蝴蝶，在展翅飞翔的一刻，它是如此美丽，但请别忘了，在美丽的背后，它曾经有过毛毛虫笨拙的爬行、蛹化成蝶的辛劳和痛苦！

成功不是静态的东西，可以任人平白无故地“拿来”或者“得到”。

成功，对一个人来说，是一种成长。一个人勤奋工作、努力学习，每天进步一点，最后实现了自己的梦想。那么，他的成功就是一直成长的必然结果。

显然，运气不等于实力，成长比成功更重要。

我们说，一个人成长了，通常意义上不是指他的身体长高了，或者年龄增长了，而是指他在精神层面更加成熟了。成长，意味着一个人的思想更加成熟、能力不断提升、经验日益丰富、意志更加坚强……一个人如果停止了对精神层面的追求，就像一棵树的树枝没有了触摸蓝天的渴望，那就失去了对生活的追求动力。

一个人在成长的过程中，必然伴随着对曾经自我的不断突破，而把这些突破串起来，就是一个人的成功路线图。由此可见，持续不断的成功必然和成长相关。

既然成长对于我们如此重要，那它会自然发生吗？就像我们的身体一样自然长高？或者像我们的年龄一样自然长大？当然不会！

人不会自动成长，只会自动死亡！

一个安于现状的人，一个没有“企图心”的人，是不会有真正成长的。你不妨回想一下，自己生命中印象深刻的那些成长节点，它们是怎么发生的？通常都是某些不顺心的人或事刺激了你，让你对当时的状态有了“不满足”，你渴望改变现状，这才有了随后的成长，而这种成长也让你如愿地突破了“旧我”，晋升到一个“新我”的状态。先是痛，然后才是快乐，从成长到突破的规律就是如此。

生命不息，成长不止，突破不止！

如果你有志于成为一个卓越的演说家，请你一定要记住：演说家的每一次登台，都不应该重复上一次的内容，而是展现一个成长中的自己。

秉持一颗持续成长的心，寻求对自我的不断突破，走上正心之路后，不管是在人生的历程上，还是在演说的舞台上，你都将收获丰硕的正心之果。

保持成长，突破的是时空，让你能抓住未来的机会。

为什么说“成长比成功更重要”？只有保持持续成长，你在未来才有可能获得无数成功。如果只一味追求成功，一旦取得成功之后，你就会停滞不前，没有了向前的目标，也就丧失了向前的动力，以及让自己升级的能力。

而一旦失去了让自己升级的能力，那将是一件非常可怕的事情，意味着你不会再有进步，也不会再有希望，只是停留在同一个维度或在同一个层级里徘徊，无法向上突破。

这就好比现在有一栋 100 层的摩天大楼，你今天在 3 楼跑了一天，即使很努力，但你最多也只是把 3 楼跑了个遍，并没有成功登上 4 楼、5 楼，甚至更高的楼层。因为你已经没有了成长的渴望和动力，所以你找不到向上的路径和方法，丧失了升级的你，是无法突破自我的！

或许你会说，我就想留在“3 楼”，这里适合我，也很舒服，难道非要上到 4 楼、5 楼，甚至更高吗？那你有没有考虑一个问题：你愿意保持现状，那其他人呢？还有这个社会，这个世界呢？

社会的发展日新月异，尖端人才层出不穷，每个行业都会面临着颠覆性的发展。如果你没有成长、突破，如逆水行舟，会被排挤到越来越低的位置，最终遭到社会无情的淘汰。

这好像一台 CPU 只有单核的电脑，无论它多么努力的运算，但是始终受限于单核的配置，无法进行更高速的数据处理。如果我们把这台电脑的 CPU 升级到双核，甚至四核，再扩充一下内存，那么它的运算能力将会大大提高，完全可以再次发挥强大的能力。

电脑是一个物件，配置落后了，我们可以帮它升级。那我们自己落后了，谁来帮我们升级呢？归根到底，只能靠我们自己秉持的成长之心、靠我们自己去不断地突破。

我们一定要清楚，这种成长并不是为了维持现状，而是为了把握未来。唐代诗人王之涣所说：“欲穷千里目，更上一层楼。”只有处于更高的维度，才能看到更广阔的全貌。当你突破到一个新高度，就意味着你的见识会更宽广，更有机会看到未来的“样子”，并为之做好准备。

比如，你能否想象到人类未来生活的样子？能否想象到未来的商业模式会有什么变化？能否想象到科技进步会对世界产生什么影响……这里面都蕴含着无限的商机，但是如果你所处的维度不够高，甚至看不到它们的“轮廓”，又怎么可能抓住这些机会呢？

因此，永远不要安逸地停留在当前的“楼层”，你每向上一层，突破的往往就是一个“时空”。当你到达更高的“楼层”，你将会拥有更广阔的视野，才会看到更明确的方向，才能具有更大的格局。

保持成长，突破的是瓶颈，让你能连接更广的资源。

要想持续成长，你需要通过多种渠道进行学习。在这个学习过程中，你会接触到很多人，而且其中一部分人有更广的资源。与这些人的成功连接，往往会“升级”你的社会关系网。

“物以类聚，人以群分”，当你持续不断地成长多年后，再回到原来所处的环境，比如，回到家乡时，你会发现自己再也没有办法跟原来的朋友沟通交流了，因为大家聊的话题变得不一样。他们可能还在抱怨张家长、李家短，你说的却是目标、生命、梦想、执行、信念、喜悦、平衡……

表面上，是你们之间已经没有“共同语言”了，而背后的核心就是你的思维层级、你的资源已经跟他们完全不一样了。因为他们没有你的体验，也就理解不了你说话的高度。

这就好比一个站在第50层楼的人跟一个站在第10层楼的人说：“哇！你知道吗？我们的周边竟然这么热闹，东面200米有一个公园，走到公园的尽头就是一个游乐场，在游乐场旁边还有一个大型商场……”

站在第10层楼的人可能会说：“你说什么？我只看到东面有一个公园，公园里面都是树，根本看不到你说的游乐场、商场……”

显然，站在第10层楼的人达不到站在第50层楼的人的高度，理解不了站在第50层楼的人的认知。

在保持成长的同时，你也是在不断地突破自己的人脉资源，不断地向更高端的人脉资源层靠近，那么，这到底对我们有什么帮助呢？

“上君用人之智，中君用己之智，下君用己之力。”该句意思是说，最有智慧的人是利用别人的智慧、别人的才能、借助别人的资源，成就自己的事业；中等的人就是依靠自己一个人的才能和智慧，把事情办好，把日子过好，却不善于向身边的人和资源借力；而一般的人只能凭自己的劳力去生活，赚取生活费。

这段话也很好地说明了资源对我们的帮助，因为它汇聚了更多的智慧、才能、资源。当你到达更高的维度时，会看到这个层次里的人有截然不同的为人处事方式。尤其那些比你更成功的人，他们更懂得利用身边的一切资源，往往在付出比一般人更少体力的同时，却能获得更多的收获。

你只有进入到更高的资源层，你才有机会跟他们深入交流，学习他们做事的策略方法、成功的模式，甚至通过他们结识更多的人，建立起更高层次的关系。当然，在这个过程中，你也能逐渐学会利用身边的一切资源，帮助自己取得更大的成功。

成长能够改变你原来的人际交往，把你带进具有更大能量的圈子里，当你被这个圈子里的人认可，你也会生活得更有成就感。你还会发现，做好一件事情，原来有很多种方法，而善于利用身边的关系和资源，就可以花费很小的力气，杠杆出最大的效果，这才是最有智慧、最快速达到目标的方法，这也是成长突破并回馈给我们的宝贵财富。

保持成长，突破的是上限，让你能变不可能为可能。

对于一个演说者来说，这一点尤为重要。在前面的章节里，我们也提到过，演说这门技能有一定的特殊性，它需要我们不断地提供价值输出。只有不断地创造价值，自身的价值才可能被认可，甚至不断升值。那么，自己靠什么实现持续的价值输出呢？

每个人就好比一只“杯子”，学识、智慧、能力就像是杯子里的“水”，往往一个人会有一个容纳知识的“上限”。你经常会发现，自己已经很长时间没有什么新想法了，整个大脑都被固有的知识牢牢占据，很难有新鲜的信息补充进来，也很难产生新的创意。这时候，你该如何应对？如果不能突破自己的“容量”上限，你就无法接纳更多的新知识，也无法更新自己的学识、价值，只能翻来覆去地重复讲了好多遍的东西。

对此，我给大家分享一下我师父是怎么做的。刚开始跟随师父的时候，我觉得他很厉害。随着相处时间越来越长，我自己也在不断地成长和进步，并没有赶上，甚至超过师父的感觉，反而觉得他更加伟大。

我为什么会有这样的感觉呢？因为我在他身边这么多年，他还能持续不断地给我讲全新的内容，带给我不一样的感受。

有一天，我忍不住地问他：“师父，你怎么总是有全新的内容教给我呢？”师父说：“我每天也在不停学习新的内容，不停吸收新的知识，我也在不断地进步和成长。对我而言，如果每次上台时都讲一样的内容，那将是很痛苦的事情。”

的确，我们也看到教育培训界里有不少老师，10 年前他们在台上讲什么内容，10 年后在台上依然还是讲这些内容，没有进步，没有更新，更没有成长，所以他们能够帮助的也只是原来的那些人。

可是当这些人成长之后，就只能服务比他们能量更低的人。

因此，只有你持续不断地成长、升级，持续不断地更新自己，持续不断地带给观众新的内容，让大家觉得你在不停地进步，他们才会发自内心的喜欢你、崇拜你，对你的敬仰也会持续不断地加强。因为你总是在不断地突破着自己能力的上限，你总是在给他们创造更高的价值。

保持成长、保持突破，这会对我们的一生产生深远影响，做到这一点，你就是走在了一条积极向上的正心之路上，你的一生也必将取得丰硕的收获。

那么，我们到底该怎么规划自己的成长突破之路呢？正如在本章开始所说的，学习是让自己保持成长的最佳途径。不过，只顾着闷头学并不是一个正确的选择，在这件事情上，也是有很多技巧的。

※ 最划算的投资：学习别人的思想和智慧

在你打算通过学习让自己快速成长之前，我先问一个问题：为了获得别人的思想和智慧，你愿意投入多少资金？因为思想和智慧并不是免费的。

世界上只有两种思想是免费的，一种是心怀敌意的人向你灌输的思想；另一种就是你自己悟到的。既然你打算通过学习，获取那些积极的、有用的思想和智慧，那你就很有必要先做好“投资”预算。

千万不要认为把学习和钱扯在一起很“功利”，为知识付费的习惯由来已久。比如，万世师表孔子，一直秉持“有教无类”的理念，开创了私人讲学之风，倡导仁义礼智信，成了我国伟大的教育家、思想家。但是他收学生也有一个原则，就是必须要收取学费！

春秋后期，孔子决心开课授徒，这是中国教育的一大创举，开民间教育的先河。这个消息传出后，很多人都跑来想听孔子讲课，但是孔子紧闭大门。

他的弟子不解，问孔子：“你说要传授你的思想，把你的学说传播给更多的人，但是为什么大家来了，你却让他们吃闭门羹？”孔子说：“你看看他们手里带了什么吗？”弟子回答，好像什么都没有。孔子说：“我费尽一生时间周游列国，历尽艰难困苦，才能够博取众家之长，建立了自己的思想和地位。现在他们两手空空来到这里，就可以轻而易举地得到我的思想，那实在是太廉价了。”弟子明白了，思想并不是免费的。孔子说：“当然！”

于是，孔子宣布：“要想跟随他学习的人，必须带来三条腊肉。”大家一听就哄闹起来并说：“听孔子讲课还要拿腊肉给他，这人也太自私了。”结果拿腊肉来听课的人很少，孔子的弟子很焦急，对孔子说：“咱们还是别收腊肉了，太影响生源。生源少，不利于传播你的思想呀。”孔子说：“听我讲课的人，如果连三块腊肉都不舍得拿出来，你还能指望他们会传播我的思想？”

明代思想家、军事家、“阳明心学”创始人王阳明也认为，要学习前人的智慧，必须要交学费。只有交了学费，才会全身心地投入学习中。

1509 年，王阳明奉命到庐陵担任知县。路过湖南沅陵时，龙兴寺的方丈对王阳明说：“这地方很少有人来，香火不旺，想请您在这里讲学，提高人气。”王阳明说：“可以，你召集人吧。”

于是，方丈四处召集人。不久，寺里就聚集了一大批人。方丈开心地对王阳明说：“您的影响力可真大，一听你要来讲学，便来了这么多人。”王阳明二话不说：“收费！”

听说要收费，来的人立即走了很多。人们对此议论纷纷：“原本想来凑凑热闹，想不到还要收费，可见王阳明不咋地。”看到这个情况，王阳明对方丈说：“你瞧，我的影响力瞬间就没有了。”

对此，方丈心中有些恼火：“王圣人，这是你的不对，你应该免费讲课，传播你的学说！”王阳明说：“真有心来听讲学，不会在乎这么一点学费。在乎这么一点学费的人，根本就不会用心去听、去学。”

由此不难看出，如果智慧过于廉价，这些本该无价的智慧反而就不会被人珍惜了。我们想要获得智慧，为学习而付费，这是顺理成章的。

或者你会说，谁没有自己的思想和智慧呢？为什么一定要学习别人的？对于这个疑问，著名的相声演员郭德纲说得好：“大家都会说话，为什么你还要花钱来听我说话？”

答案就是：要么你自己通过感悟，使自己强大；如果你不能，那请给帮助你变得更强大的思想付费！

至于到底要为自己的学习投资多少，这取决于你要成为一个什么样的人，你要根据自己想达到的高度去投资。

如果你渴望成为亿万富翁，那最少要花上时间和金钱来提升自己；如果你想成为千万富翁，最起码也要投资让自己迅速成长，获得更多资讯和开阔的视野，这样才能够让你拥有更多的创业机会和赚钱机会。

※ 最优的选择：跟随名师学习

俗话说："师父领进门，修行在个人。"最终的学习效果，不是由"学生"决定的吗？

在此，我想告诉大家，"学生"的等级，可能会决定学习效果的下限，但是"老师"的等级，却决定着学习效果的上限！换句话说，就是教练的等级将决定选手的表现。

关于这一点，我想先给大家分享一段电影里的情节。在影片《摔跤吧，爸爸》里，出现了一些经典的信念冲突，而这些出自不同"教练"的不同信念，也造就了不同的"选手"。

教练说：不要输得太难看。

爸爸说：你不会输！

教练说：至少要拿块奖牌。

爸爸说：你注定是冠军！

教练说：你已经领先了，注意防守。

爸爸说：忘掉领先，保持进攻！

教练说：有些人，注定不是打国际比赛的料。

爸爸说：你输掉的，是本该你赢的比赛。

教练说：现在你至少可以有一块银牌了。

爸爸说：赢下金牌，你将成为印度的榜样，永载史册！

教练培养的姐姐，说：这里是娱乐室，可以看电视。

爸爸培养的妹妹，问：训练场在哪？

爸爸培养的吉塔，第一次参加比赛，挑选最强的对手；

输了以后，彻夜难眠，问爸爸：我什么时候能再打？

教练培养的吉塔，输了第一次国际比赛，脸上却没有丝毫沮丧，一心想涂漂亮的指甲油。

电影中的教练拿到一枚铜牌就很满意了，因为那是属于他的业绩。而阿米尔说，即便获得了银牌，人们也会很快忘记你。只有获得了金牌，人们才会以你为榜样……

想象一下，如果你是影片里的选手，在哪种信念的指引下，能够取得更高的成就呢？

教练的等级决定选手的表现，这跟武侠小说里写的类似，越是顶尖的武林高手，他的眼光就更高，相应的，要求也一定就更高，教出来的徒弟水平自然越高。如果你能够跟最顶尖的老师学习，就绝对不要跟低一个级别的老师学习！

可能你会说，难道我们不能一步一步来吗？但我想告诉你，越是顶级的老师，他的经验越丰富、视野越宽广、智慧越珍贵，能帮助你节省大量时间和精力，少走许多弯路。这难道还不够吗？你为什么还要绕一大圈，浪费自己的时间和精力呢？要知道，时间才是世界上最珍贵的资源，也是最稀缺的资源。

对此，不妨看看下面这个小故事。

曾经，有一个世界顶尖的华裔钢琴家回到祖国，他准备开班，教小朋友们弹钢琴，而要求前来学习的小朋友，必须是没有学过钢琴的。

这是为什么呢？因为如果一个小朋友学过弹钢琴，那钢琴家很有可能还要指出他哪里做错了，还要告诉他怎样做才是正确的，这要花费大量的时间，才能逐渐地把他带回到正确的弹钢琴路上……

与其这样，钢琴家宁愿选择教那些没学过弹钢琴的小朋友，因为他们没走过弯路，学习起来，速度会更快，更容易体现教学的效果。

现在，你还想选择“走弯路”，甚至“走错路”的学习方式吗？很显然，在选择名师这一点上，一步到位是最佳方式。跟随最顶尖的教练学习，你才有可能成为一个最顶尖的选手。

※ 用写演讲稿的方式记笔记

在每次听课、学习的时候，你一定要用写演讲稿的方式记笔记。我在国外参加学习时，几乎把老师所讲的全部内容记录下来，并且用不同颜色代表课程的不同板块。比如，黑色的字代表标题，蓝色的字代表解释标题的内容；绿色的字代表阐述的案例；红色的字就是引经据典的金句；粉色的字就是怎样把这些理论应用到实际的操作步骤……

每次翻开笔记本，都会觉得这些笔记做得既漂亮，又工整、清楚。当要复习或者查找其中一个板块的具体内容时，只要看颜色就知道要查找的内容在哪里，很容易找到重点。所以，我每次听完一个课程后，都能够非常清楚地告诉大家这个课程的结构以及具体的内容。

我就是通过这种记笔记的方式，快速地汲取了各位大师的顶尖智慧，这也为我在演讲领域里迅速拥有今天的成就，奠定了坚实的基础。

※ 理清思路的最好方法之一：分享

你想学会什么，你就去跟别人分享什么。每当你学到一门新知识，或者得到一些新的启发时，建议你把思维的结构和逻辑关系梳理出来，然后跟别人分享。你会发现：原来没有弄懂的地方，随着你不断地分享给大家，你会越讲越清楚、越讲越透彻。

当你这么去做了，你就会感到分享的神奇之处，因为分享是帮你理清思路的最好方法之一！

为什么我要写这本书？因为我不仅要做一名超级演说家，更要成为一名心怀正心的超级演说家，我想用自己的正心去感染、影响更多的人，让正心之花绽放在每一个角落，让正心之果成熟在每个人心间！

这是我个人的期许，也是我内心的渴望，我会坚定不移地去实现这个梦想。所以，我也一直在不断地分享这方面的内容，现在更是把这些内容写成书稿，分享给更多的人。那么，请问在我持续不断地分享过程里，谁受益最大？

答案很明显，一定是我受益最大！因为我越分享这些内容，我心中的信念就越坚定，同时我也在梳理自己的思路，不断地领悟出新的东西。

比如，当我教你们要树立自己坚定的信念时，我是不是也要树立起自己的信念？当我告诉你们关于生命中的里程碑的时候，我是不是也要整理出自己的里程碑？当我告诉你们如何分享生命当中的失败时，我是不是也要把自己经历过的失败整理出来，总结成经验并告诉大家？

答案是肯定的！

由此可见，持续不断地分享是一种极为有效的学以致用的方式，这可以把你学到的知识快速融会贯通，成为你内在的一部分。也只有把它们真正变成你自己的知识，你用起来才能收放自如，否则你很快就会忘得一干二净。

※ 在不断实践、不断修正中成长

成长的过程就是不断实践、不断修正的过程，学习也不例外，你需要做的就是不断地把学到的知识应用到生活、工作中，同时把出现的偏差、教训、创新等总结出来、记录下来，然后在下一轮的实践中再去验证、改善。成长的路径其实就是：学习、实践、总结、完善、创新，再学习、再实践、再总结、再完善、再创新……

这就好像你学做一道菜，刚开始，你会根据食谱的记载，按步骤、按分量去尝试，每一步都会严格按照食谱的记录去做。慢慢地，你可以不用再看食谱，而且会思考：在哪个步骤可以加点什么，在哪个步骤需要减点什么，这样做味道会更好。做了多次以后，你就掌握了做这道菜的窍门。这时候，你已经熟能生巧，在做这道菜方面，已经达到一个新的高度。

其实，人类的科技进步也是遵循这个道理，科学家在前辈提出的理论基础上不断地提出质疑、实践、修正、创新，最后才形成了一套新的理论。正是因为一代又一代的科学家前仆后继，才推动了科学技术不断站上新的台阶。

因此，学习是成长的前提，实践是成长的手段，总结是成长的核心，创新是成长的结果。

现在的你，应该做好准备：从持续学习开始，走上持续成长的正心之路，收获持续突破、持续成功的正心之果。

本章作业

1. 请列出你今年的学习计划。

2. 今年你计划要跟哪几位大师学习？

3. 你要参加什么样的学习课程？

下篇 赋能个体

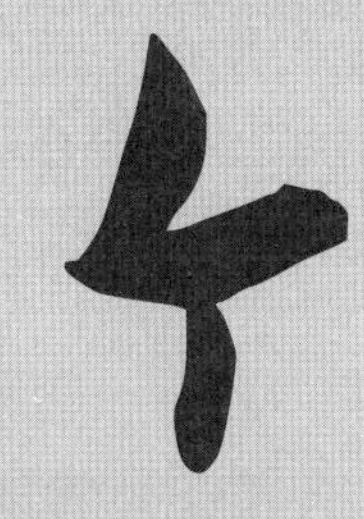

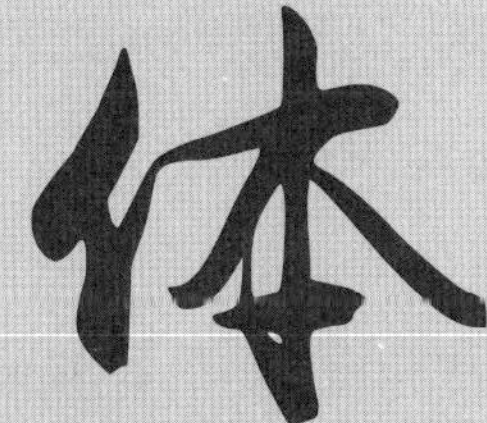

在我过往的人生中，最大的幸运莫过于，在不同的阶段总会遇见一些特别的人，他们用经验与智慧启发了我，让我不断迈上一个又一个通往梦想的阶梯。

在当今个体崛起的时代，如果我能带给你更大的价值，那一定是这些曾经影响过我的经验与智慧。愿你能和我一样，从他们的人生故事中看到自己想要的未来。

我生命中的灯塔

“谁言寸草心，报得三春晖。”

我的母亲不仅给予了我生命，

她还用她的言行善举让我受益终生。

她是我一生的灯塔，

也是我此生最温暖的依靠。

我小时候，家里条件非常拮据，父亲在工厂里打工，母亲没有工作而待在家里。为了能够让日子好过一点，父母总是想方设法地去挣钱。当时，我们住在工厂的家属区，整个家属区只有两家人请了保姆，一家是最富有的厂长家，另一家就是最贫穷的我家。在那个年代，毫不夸张地说，请保姆是一种极为奢侈的行为。

至今，我对这件事记忆犹新，我非常佩服母亲身上的那股勇气：当她发现摆地摊每月可以赚 40 元，而请一个保姆每月只需要 30 元，不但结余下来的钱可以补贴家用，还可以请一个保姆来照顾我。于是，她竟然雷厉风行地请了一个保姆，然后自己上街摆地摊了。我这位“不同寻常”的母亲，对我的人生产生了深远的影响。

我小时候是个闯祸王，母亲迫不得已传承了外公“不打不成器”的教育理念，我挨打这件事成了当时厂区里一道特别的“风景线”，

作者及其父母合影

甚至只要跟同学发生争执打斗，无论我对错与否，母亲总是先教训我一顿，最后让我自行检讨。在这种教育方式下，我养成了反省的习惯。

在此后很长一段时间里，我受到委屈时从不辩解，总是主动承担所有责任，我也成了人们眼中的“乖孩子”。但是，只有我自己知道，当时的我始终处于口服心不服的状态，这样的心态不断衍生出内心越来越多的反抗，在负面情绪的干扰下，反而弱化了我对事情的判断力，以至于在读初中时差点酿下不可挽回的错误。

有一天，班里的一个女生被高年级的男生欺负了，作为班长的我，自然要扛起“保护同学”的重任。那时候，几乎所有男生都深受香港电影《古惑仔》的影响，幻想着自己像影片中的黑帮大哥一样，能上演一出英雄救美的好戏！在那一刻，我就像打了鸡血一样，立刻集合了本班的男生一起去“维护正义”。当我们找到那个男生，一顿血气方刚的操作后，我们取得了胜利。正当我们回到班级里炫耀的时候，没想到被打的男生，一口咬定自己被打“坏”了。紧接着，老师出于安全考虑，便带他到医院检查身体。接下来发生的一幕，简直像编剧设定好的一样，检查结果竟显示他的头颅里有一个小肿瘤，而他本人以及家长却完全不知道此事。

我清楚地记得，当时医生非常愤怒地呵斥我们：“你们这几个小兔崽子，如果下手再重点，他可能当场就挂了。”闹了这么大的事，自然瞒不过父母，我想：“完了，被一顿暴打是在所难免了。”那天，在回家的路上我做好了被骂、挨打的心理准备。

可没想到的是，当我回到家，等待我的不是一顿毒打，而是看到了让我至今都无法原谅自己的一幕：母亲躺在床上，一边打着吊瓶，一边啜泣。看到我回来后，母亲直接把头扭到了另一边，不看我一眼。那一刻，我忽然觉得脑子一片空白，心里五味杂陈，那种感觉难以形容。

母亲曾无数次提醒我：在学校不要跟别人打架，不要惹是生非，我和你爸最大的心愿就是你能健康快乐地长大。而我总是忤逆她的话。在那一刻，看到平时如此强悍的母亲，伤心欲绝到完全失去了往日的气场，脆弱得像换了一个人似的。我才真正的感受到：当一个人不理你、不骂你、不打你的时候，那才是最痛的！因为对方可能真的要放弃你了。

多年以后，想起那个让我再也不敢闯祸的画面，才真的明白那一刻失去愤怒的母亲并非真的不生气，而是担心我受到伤害的恐惧，这是一份多么深沉的爱。

我们每个人都不是独立的个体，背后总有人在担心、牵挂着我们。当一个人所想、所作、所为不再只为自己考虑时，才是成熟的开始。

我的母亲虽然是一位“严”母，但是我依然能感受到她给予我最赤诚的母爱。我七岁的那年，家里在工厂旁边开了一家小商店。在那个贫瘠的环境里，吃得上一碗凉皮是很奢侈的事情。

有一天，一个小朋友满怀喜悦地挥舞着手里两块钱，跑来买了一碗凉皮，正当这个小朋友乐不可支地端着凉皮往家走时，却一脚踩空，从台阶上摔倒了，而盛着凉皮的碗也打翻在地。

这时，小男孩缓慢地从地上爬起来，神情恍惚地盯着散落在地上的凉皮，自言自语地说着：“想了大半年，今天终于有机会吃上了……”慢慢地，我看见他双眼模糊，眼泪滴答滴答地从脸颊上落下：“要是被父母知道了怎么办，回家又要挨骂了……”他既伤心，又害怕，哭声越来越大。

他一边哭，一边伸出手，准备把地上的凉皮捡起来，这时被闻声赶来的母亲拉住了，并对他说："小心划破了手，阿姨重新给你做一碗。"母亲的话音刚落，男孩就不哭了。他疑惑地看着母亲，母亲伸出手摸了摸他的后脑勺，接着又给他擦干了眼泪，再次说道："没事，重新给你做一碗。"这时，只见小男孩眉头一皱，嘴巴一撇，哇的一声，哭得比之前更凶了，但我能感觉，这是他既欢喜又感动的一种情绪宣泄。这是我第一次感受到，帮助别人给自己带来的快乐，更让我感受到了母亲爱的温暖。

多年以后的我成了可以站在舞台上用语言影响他人的演说家，我更加清楚一个人对世界的感受，会决定他对待生活的态度。我常常想起那位打翻凉皮的小朋友，虽然母亲那次微小的举动不会改变他的生活，但我依然相信他会在那个瞬间感到世界的美好。也许，我始终坚持自己要成为一个为他人创造价值的人，正是源于在我价值观形成的重要阶段，那些生活之中的微小细节深深地影响了我。

时间匆匆而过，我从来没有停下奔跑的脚步。曾经有一段时间，因为手臂骨折的事而对父母埋怨，认为是因为他们对我的疏忽造成的。可是，当我在追求自己梦想的道路上，战胜了一个又一个挑战的时候，我意识到，成长丰富着我的阅历，让我见到更多的人、走过更多的路、看过更多的风景。我开始越来越理解我的母亲，我常常想，究竟是什么给了我坚持的力量？

直到几年前的一天，我偶然听到了一首诗：“你的儿女，其实不是你的儿女。他们是生命对于自身渴望而诞生的孩子。他们借助你来到这个世界，却非因你而来，他们在你身旁，却并不属于你……”

纪伯伦这首《你的儿女其实不是你的》完全将父母与子女微妙关系表达了出来。我突然懂得了，每个人都是相对独立的个体，即使父母与子女因血缘、亲情等因素而被捆绑得更加紧密，但终究是两个不同的灵魂、不同的个体。对我而言，她是母亲。对她自己而言，只是她在人生的某个阶段新增的一个身份，并不能因此而要求她放弃自己的追求。今天的我之所以能克服很多挫折，正是因为我的母亲，她用自己独立的人格、清晰的目标、坚强的意志在我心里种下了一颗种子。有时，我真的很想，自己可以带着对母亲的理解回到从前，用爱和陪伴将那些年的疏远关系拉近。

我的母亲不仅给予了我生命，她还用她的言行善举让我受益终生。如果没有她，就没有今天这个经过磨难仍然热爱生活、追求梦想的王顺；如果没有她，我也不会养成这些好习惯，让我得以不断地向上、向善；如果没有她，我更不会有如此坚韧的性格和时刻提醒自己保持宽厚待人的心。

严格的教育方式和与人为善的处世原则，就是她给我最好的爱。

在裂缝中生长，铸就感恩的心

越感恩，越幸运；越付出，越富足！

这是卢丽娜用自身的阅历所得出的人生哲学。这一哲学所蕴含的意义便是：当你满怀感恩之心对待曾馈赠于你的人，你便会收获别人的信任；当你用同样馈赠之心帮助别人时，你也能得到同样的回报。

初识卢丽娜，是在印度举办的培训课上。她身穿一身白裙，聚精会神地在台下听我演讲。或许是我演讲的内容打动了她，她专注的神情引起了我的注意。待培训课程结束后，她立刻到台上对我说："老师，您讲的课程很好，能否到我公司举办一次课程。"我从她的

卢丽娜及其儿子

眼睛中看出了坚定不移的目光以及不放弃的信念，于是我便答应了。

随着我们的联系不断增多，我慢慢了解到，这位表面看似柔弱的女子，背后却拥有丰富的人生阅历，也是一位漂亮女子的人生奋斗史。更重要的是，我从她的故事里明白了感恩的重要性。

卢丽娜拥有着大起大落的人生经历：她曾经在短短几年里让企业净收入上千万，也曾因为投资不慎而负债上千万元！她经历过企业破产、事业倒塌、家庭破裂、重债压身……在最困窘的时候，她背井离乡，选择到外面开拓一条崭新的道路，她顶着信誉危机和巨债压力，在失败中重新站起来。经过她漫长的修补之路，她不仅还清了债务，还帮助身边一大帮兄弟姐妹建立了自己的事业。

卢丽娜成长于单亲家庭，由于父母很早离异，在缺乏父爱的环境下，她与母亲相依为命。卢丽娜从小便明白，是母亲一人把她拉扯长大，她更明白贫穷的可怕。在这样的成长环境下，卢丽娜很早就进入社会工作。由于过早地接触社会，她深知并经历了社会的现实与残忍，于是便形成了一种强势、不屈的性格。

强势、不屈的性格是一把双刃剑。由于不屈服于贫穷的现实生活，卢丽娜从一名酒店服务员奋斗成了美容院的老板，年纪尚轻的她已经拥有了不菲的资产。

过早成名的卢丽娜变得自以为是，外加其强势、不屈的性格，形成了一种总爱“挑刺”的毛病，别人的意见在她那里永远都是废话，唯有自己的意见才有可取性。

在处理家庭关系时，她总是一副不服输的态度：与妈妈无休止的争吵以及和爸爸多年不联系，直到最后与丈夫的关系出现裂痕，最终以离婚收场……每当卢丽娜回忆起这些事情时，她总是用“一团糟”来形容。随即而来的便是更加糟糕的事情，投资失败、破产……

她满怀干劲且不服输的性格驱使着她向朋友借了一千多万，用于投资。而最终的结局便是项目崩盘，负责人卷款跑路，导致她血本无归、倾家荡产。

那个时候的卢丽娜只能用“万念俱灰”来形容了——曾经的光鲜已然消退，每天还要饱受债主们的追债。卢丽娜也终于明白，这次失败是由于自身短浅的投资眼光以及急躁的性格所致。

面对这样的困境，卢丽娜曾不断地抱怨，抱怨人生的不公平：为何出生于这样的家庭，还让我遇到这样的事情？那段时间，她把自己反锁在房间里三天三夜，她不断地抱怨、反思。而在这段时间，没有人理解她，甚至没有人愿意帮助她。

三天过后，卢丽娜开始重拾信心，她不服输的性格帮助她熬过了那段低谷期。现在，她回想当时的转变：最开始的时候，我感到很无辜，一直纠结于为什么这么倒霉。但转念之间就对自己说：“事已至此，抱怨有何用，只能从头开始了！虽说自己的钱被人骗了，但是借给我钱的人是无辜的，更值得同情和理解。别人信任我，才把钱借给我，我却让这些钱打了水漂。我应该对他们怀有感恩之心，不能让信任我的人失望。”

经历过人生大落的卢丽娜开始发生了转变，从强势到感恩身边所有人，卢丽娜付出了十分惨痛的代价。

卢丽娜决定前往新的城市重新开启生活，这一次她把目标转到美体内衣行业，她把所有的抱怨、不甘都转化为工作的动力。

经过卢丽娜独到的经商手法，她的美体内衣成功打进了当地市场，并取得“全国销售第一名”的业绩。为此，她不但还清了原来的外债，还独立建了一支几千人的团队，她一路高歌猛进并且把事业越做越大。

卢丽娜重拾了曾经的光辉，甚至取得了比过往更耀眼的成就，但经历过人生低谷的卢丽娜不再自负自满，她开始用自己的实际行动，感恩曾经帮助过她的人。

团队中的邱总曾经问她：“如果有人把你的眼睛挖了、双手砍了，你认为这个仇恨大不大？”

她说：“很大！”

邱总又问：“那你的父母给予了你多少个器官？眼睛、鼻子、嘴巴、双手、双脚……这些都是父母给的，难道这份恩情就不大吗？”

邱总的话语惊醒了卢丽娜。她开始反思自己与父母、与家人的关系，以及自己在处理这些关系中做得不妥当的行为。她明白了自己缺的不是财富，而是那份懂得感恩的心。之后，卢丽娜开始主动改善与父母的关系，并且竭尽全力做到一位母亲应有的职责。

卢丽娜教育孩子的方式也存在于众多中国家庭中，她说："我是听着我母亲对我的批评长大的。直到现在，我才发现，这样的教育方式是错误的。适度地鼓励孩子，才能让孩子拥有更多的自信心。"

曾经一味批评和指责，并没有让儿子按照她的意愿成长，反而让儿子开始惧怕她，甚至出现胆怯、自卑、不爱说话等问题。意识到这一点的卢丽娜开始转变自己的教育方式，她开始大方地鼓励、赞美儿子，这样的教育方式让儿子变得比以前更加活泼与自信，最重要的是把他们的心拉近了。

在卢丽娜的鼓励下，儿子变得越来越优秀。她年仅 13 岁的儿子已经出版了图书，书的名字是《为什么感恩的人拥有那么多》。儿子的感恩之心是在卢丽娜的影响下形成的，卢丽娜的儿子对“感恩”二字的理解愈发丰盈，他甚至有了一个伟大的梦想：希望能在 20 岁时挣到一个亿，然后拿出大部分的钱，去帮助那些读不起书的孩子。

有一年，由于卢丽娜工作出色、业绩突出，公司便奖励了她一辆“玛莎拉蒂”。收到礼物的卢丽娜，心情十分激动和愉悦。她立刻打电话，告诉她的儿子：“儿子，妈妈今天收到了一份大礼，是一辆新车，我们今晚一起庆祝一下吧！”她儿子没有立刻答应，而是冷静三分钟后向卢丽娜提出了另一个庆祝的方案，他对卢丽娜说：“妈妈，我们找一家可以直接把车开进酒店的会场，把车子停在里面，外面包裹一层膜，让你的核心骨干成员在上面签名，然后你站在舞台上告诉伙伴们，这部车子不是你一个人的，是团队里所有的伙伴用辛勤劳动换来的！”

听到儿子这样的提议，卢丽娜深感欣慰，随后她便做出了一个惊人的决定——捐车！卢丽娜以“正心家族”的名义把车子捐了出去，所得的善款用来帮助生活有困难的伙伴。因为卢丽娜曾经历过人生的最低谷，她深知那些生活在底层的人员是多么艰难，所以她更愿意用自身的力量去帮助她们，这也是她的团队不断壮大的原因，因为懂得感恩、懂得给予。正是这一点，让她在收获财富的同时，也赢得了大家的信任。

在她的团队中，有一位生性冷淡的前台工作人员，因为她不爱搭理人的性格，导致团队中的很多人都不喜欢与她共事。而卢丽娜并没有因为她受人排挤而把她开除，而是想方设法让她学会融入团队之中。经过一段时间的交谈，卢丽娜得知这位前台姑娘曾受过心理创伤，导致她将自己封闭起来，不愿意与外人交心。得知此事后的卢丽娜，把这位姑娘介绍到了另外一个团队，并嘱咐那个团队的带头人好好培养她。如今，经过培养后的这位姑娘已经学会接纳别人，现在的她已经“脱胎换骨”，不仅在业绩上进步快速，还重拾起了自信心。

卢丽娜常说：“投资大脑是人生最重要的事情。”她从不放过任何一个学习机会，不仅学习茶艺、礼仪、演讲、亲子关系、家庭关系等课程，还会到印度参加世界和平的课程学习。

如今，卢丽娜的事业在不断地发展壮大，她不仅拥有千人团队，还在世界各地开设了连锁会所，而这并不是她最终的梦想。卢丽娜更大的梦想就是建立一所魅力女子学院，在里面开设读书会、舞蹈班、琴棋书画班等，为更多女性提供不间断学习的机会，帮助她们实现身心的成长和富足……

我相信，总有一天她的梦想会实现，因为我明白她始终秉持着感恩的心去实现这个梦想，我始终相信一个懂得感恩的人是不会失败的，从她拥有那份懂得付出以及感恩的心开始，她便注定拥有光明的未来。

正如她所说：“以感恩之心去帮助更多的人时，我就会收获到更多的喜悦、更大的幸福、更丰盛的人生！在我的身边就会形成一个‘感恩——付出——富足’的正能量循环磁场，这就是我能够重新站起来，实现梦想的秘诀。”

浴火重生的传奇

人在成长的过程中，总少不了选择和体验。体验你的选择，选择你的体验。因此，即使一开始，你抓到的是一手“烂牌”，也不用气馁，人生道路上总是充满选择和机会，只要你秉持正心、努力，你终会凤凰涅槃，活出精彩的自己。

人生不如意之事，十有八九。当你面对逆境时，当你处于低谷时，你会保持什么样的姿态？

事业有成的“米老板”

有人选择自怨自艾，就像鲁迅笔下的祥林嫂一样，充满负能量，结果人人敬而远之；有人选择以暴制暴，别人怎么对我，我就怎么对别人，结果一步一步把自己推向罪恶的深渊；有人因失去人生的希望，丧失了目标、斗志和动力，从此随波逐流，黯然度过一生；有人因奋发而起，重新树立人生的目标，找回心中那个独一无二的我，从此凤凰涅槃，事业有成。

前三种人都是生活的弱者，他们失去了人生的主导权，被周围的事物、环境主宰了自己的命运。唯有第四种人，才是生活的强者，即使面对最恶劣的环境、最糟糕的事情，他们都不会放弃自己，仍然紧紧地掌握着自己的命运，并因此让人生成功升级！所以，选择是一种能力，你想过上什么样的生活，全在你的选择。

在此所讲的主人公，就是第四种人。曾经，她可能比绝大多数女性朋友更普通：高中毕业，学历不高，她经历过婚姻的失败、求职的打击、生活的穷困……曾经极为普通的她，最终却上演了一幕绝地反击的好戏，逆袭成为一家生物科技公司的老板，从一无所有到身家千万，活出了人人都羡慕的女王模样。

她就是我的好朋友——“米老板”。

初识“米老板”，是在一次大型会议上，当时的她穿着一身红色西服，留着干净利落的短发，妆容精致，淡然与娴静之间显得很有气质。“米老板”给我的第一感觉，就是一个有故事的人，随后与之的交谈也印证了这一点。她的经历，在很多人看来就是一场华丽的逆袭。但是在我看来，更是一场“正心”的胜利。

“米老板”的本名叫谢万霞，出生于一个很普通的家庭，她的前半生历经坎坷。青春期时，父母因为感情不和而经常吵架，她隔三岔五地看到母亲躲在墙角以泪洗面，但那时的“米老板”做不了更多的事情，只能是看在眼里、痛在心里。

除了更加关心和孝敬母亲之外，她脑子里最多的念头就是：以后一定不能也像这样，在婚姻里委屈了自己！

生活在这样的家庭环境里，日子的不如意是可想而知的，几乎事事都要靠自己，这也让“米老板”早早养成了自强、有主见的性格。高中毕业后，她也是自己找工作、谈恋爱、结婚生子，没有让家里人操一点心。可是，在婚姻上很谨慎的“米老板”并没有想到，自己最担心的事情，往往也是最容易发生的。

和丈夫刚认识时，他还是一个负债的穷小子，不过“米老板”并没有在意这一点，觉得只要两个人真心在一起，其他都不是问题。更何况，她是自强惯了的人，丝毫不认为创业赚钱是一件很困难的事情。婚后不久，两人就开了一家小小的汽车配件店，“米老板”负责店里的财务工作。

在两人的苦心经营下，汽配店逐渐做成了十年“老店”，生意越来越好。按理说，他们一家应该过得很幸福。然而，世事无常，“米老板”的婚姻开始出现危机。十年的时间，恋爱时的激情也慢慢地被生活中的柴米油盐，消耗殆尽。两人之间的感情已经接近危险的边缘，她甚至在自己身上看到了母亲的影子，因为在她生活中，吵架已经成了常态。而这恰恰是她最害怕和无法忍受的。

“冰冻三尺，非一日之寒”，痛定思痛后，“米老板”知道自己的丈夫已经不爱她了。在这种情况下，或许很多人会选择凑合过下去，但她并不想让以后的人生就这么“凑合”，最终还是下定决心，选择离婚。为了这个决定，她付出了很大的代价，几乎是净身出户，离开了那个不能给她温暖的家。

原本，离婚双方是要平分财产的，更何况那都是他们共同创造的财富，但是“米老板”离开时两手空空。当时汽配店的钱都投入在经营里，没有多少流动资金，家中最值钱的财产就是房子，而丈夫却坚持把房子留给儿子。就这样，“米老板”只是带了几件随身的衣服，告别了那段不成功的婚姻。

这件事情发生在 2014 年，这也是她人生中最黑暗的一年，离婚后没有积蓄、没有工作、没有收入，这样的日子怎么过下去？即便是要强惯了的“米老板”，也难免迷茫。当时的她很难想清楚，自己的人生是怎么走入那种境地的，面对前路茫茫，“米老板”一时也不知道自己可以做什么，更不知道未来会如何。

我时常在想，如果是我处在那种境况里，最渴望的会是什么呢？其实并不会奢求太多，可能只需要身边人的一些关心、问候、帮助，就足以让我重新找到方向。当时的“米老板”，同样是十分渴望能够得到别人的帮助，迫切需要有人为她指点一条出路，但是这并没有如愿发生。实际上，她那段时间也找过不少工作，被不少公司以“年龄大”为由拒之门外。连遭冷遇之后，要强的本能反倒是“复苏”了，既然已经没有任何退路，那就拼命向前冲吧。

有些时候，机会真会眷顾那些不放弃的人，2014 年年底“米老板”接触到了微商，虽然当时这个行业刚起步，收入也不稳定，但她还是毫不犹疑地加入进去。比起做一个“月光族”的打工者，“米老板”更愿意做一个“小老板”，哪怕自己没有这方面的经验，只能在微信里做着“杂货铺”式的经营，每个月拿着一两千元的收入。

从一开始，她便为之付出了全部的精力。当时的她代理着一款护肤品，苦心经营 2 个月，却只卖出了 6 瓶，而身边同样在卖这个护肤品的人每个月能卖上百瓶。“米老板”深知，抱怨解决不了问题，放弃只会让自己更糟。回想之前吃过的苦，归根结底都是因为不懂得持续学习。为了不重蹈覆辙，之后的日子里，“米老板”的身影不断出现在不同的学习会场中，经过不断地请教、学习、总结，改进了销售方法后，她竟然在被所有人都不看好的情况下，在第 3 个月迎来了爆发期：当月完成 3 500 瓶的销售额，纯收入达到 13 万元。

至此，“米老板”算是在微商领域杀出了一条“血路”，当然，这还只是一个开始。不得不说，之前找工作四处碰壁的经历，此时却成了她的“优势”，因为从那时起，“米老板”就下定决心，等到自己有了能力，一定要去帮助身边那些有需要的人。正是心怀这个信念，她在学习、成长的过程中，一直在不断地为身边的伙伴们付出、为团队付出，最终成为千人团队的领导。

你可以说，生活改变了她；也可以说，她改变了生活。当然，还不止于此，“米老板”也改变了身边一些人的生命轨迹。其实这也是她当初选择女性护肤品为创业方向的原因，她想帮助那些同样经历过婚姻失败，处于痛苦、迷茫中的不幸福的女人。帮助她们变得更美丽，帮助她们重建信心，让她们成长起来，成为孩子的榜样，并因此重新收获爱情，获得幸福的婚姻……

“米老板”是这么想的，也是这么做的，她始终坚信：你能帮助多少人成功，就有多少人帮助你成功！

正是秉承着“利他”这个信念，“米老板”用自己的企业践行着当初的梦想：她帮助湖州一个月薪 3 000 元的售货员每月收入过万元；她帮助马来西亚大华银行的一位高管，在坐月子的时候，每月都能有五六万的收入；她帮助一位处于离婚边缘的女人，重新绽放美丽，让原本打算离她而去的丈夫，重新认识到她的可贵之处，两人的情感又回到热恋时……这些神奇的故事，在她的团队中数不胜数。

她创办了自己的公司——简米生物，专门销售女性护肤品。随后简米生物迅速发展，在短短一两年间，网络铺遍全国，产品远销到 15 个国家，并在马来西亚设立了分公司！

从离婚时的身无分文，到现在月入百万元，“米老板”用 5 年时间完成了浴火重生，而且每一年都能让自己的人生上升一个新的台阶。5 年前，她是一个自卑、内向、不爱说话、爱挑剔，爱抱怨的人；

5 年后，她变成一个自信、乐观、上进、爱学习、善于交谈、懂得包容、懂得激励身边人奋发向上的人。

如今的“米老板”也变得越发漂亮，更具气质、内涵。优秀的人总是会吸引同样优秀的人来到身边，2016 年她重新走进婚姻的殿堂，成为一位幸福的小女人，并在 2019 年 12 月迎来她的猪宝宝。

在她的另一半杨先生眼里，“米老板”就是一位集美丽、善良、独立、大方为一体的完美形象的女人，让他一见倾心。最初他们经常在一起交流经营企业的心得，后来又一起参加各种学习培训。共同的理想和追求，让他们成为彼此的精神支柱，走到了一起。

虽然两人感情极为融洽，但婚后的“米老板”仍然保持着经济独立、自强的现代女性品格，即使杨先生特意申请了一张信用卡供她使用，她也从未用过。她总和我说：再多的“有我呢”“等我来”，都不如在婚姻里，我们彼此都能独立挺拔，我不攀援你，也不借你的高枝炫耀自己，我是你旁边的一株木棉，似乎永远分离，却又终身相依。

好的婚姻，双方是棋逢对手，相互成就。夫妻既是伴侣，也是战友，生活上相濡以沫，事业上相互扶持，这样的感情，才历久弥新。

每一次和“米老板”的交谈，都是一件很享受的事情，清澈的眼神，轻柔的声音，总能让人联想到明媚、美好的人间四月天。而更让人感到美好的是，在她的身上，时刻都洋溢着“正心”的力量：

在遭遇婚姻失败时，她没有委曲求全，没有含恨报复，没有从中榨取利益，而是选择离开，重新开拓自己的天地；

离婚时，她没有带走任何财产，仍然想着把温暖的家留给前夫和孩子，这是一个善念；

在人生低谷的时候，她没有自怨自艾，没有自暴自弃，反而自强不息，最终扭转了自己的命运；

遇到困难、挫折时，她能够及时总结教训，找到方法，让自己重新站起来；

虽然经历婚姻的失败，但是她没有曲解爱情，仍然相信世上有最纯洁、最纯真的爱情存在；

在变得富有时，她没有忘记那些跟她有着同样遭遇的人，仍然践行着自己的初心，帮助这些女性重建信心，获得生活、事业双丰收；

她没有倚靠丈夫的财富，本着独立、自强的信念经营自己，并且仍然愿意为这个家庭去付出她的所有；

经营企业时，面对自己的不足，她走进各个课堂，努力学习、向上向善……

命运的起点高低并不重要，暂时的逆境也不重要，人与人之间最大的区别是勇气、梦想、意志、独立……我们或许经历过很多失败，甚至伤痕累累，但这不是我们气馁的理由。

保持乐观，积极面对明天，用自己的努力开创一片新天地，成为命运的主人，这才是人生的正心。

稳中求进，赢在“第一梯队”

生命的诞生与成长是一场浪漫的蜕变过程，仿佛化蛹成蝶，更像是雏鹰破壳、羽翼渐丰到最终翱翔天际的生命故事。在这蜕变的过程中，其承载了父母望子成龙、望女成凤的寄望。父母是这世间唯一能为我们无条件付出的人，他们为子女倾尽所有却不求回报。

著名作家柳青在小说《创业史》中写道：“人生的道路虽然很漫长，但是紧要处常常只有几步。”这句话放在众多家长身上，也很适用。他们便把那紧要的“几步”变成了“第一步”。这种现象在

艾玛及其父母

当今社会尤为显著，父母寄予孩子厚望，为了让孩子“赢在起跑线”上，便为孩子规划好一系列需要学习的项目，比如练琴、跳舞、跆拳道、各种补习班。为了不让孩子被其他孩子落下，他们在“不输在起跑线”上费尽心思。

面对这种过于严苛的要求，我时常在想：过度的严苛，会不会引发物极必反呢？人生比的从来不是跑的有多快，比的是谁能坚持到最后。在起跑的时候，如果用力过猛，会导致自身力气被过早消耗。如果想要在最后冲刺时还有力气，务必在跑步的过程中做到稳步前行。人生宛如马拉松比赛，过早拼尽全力的人未必能到达终点，但是稳步前行的人一定能与终点交握。

培育孩子亦是如此，唯有让孩子稳步前进，保持在“第一梯队”，才能助孩子冲向终点。艾玛父母一直秉持着这样的教育理念来培育艾玛，所以在艾玛的奋斗过程中一直没有处于殚精竭虑的状态，因为她一直都处于稳扎稳打的节奏中。

“不时时争第一”的理念，反而让艾玛有了更好的发展。至今我仍然记得2018年国庆节举办的“少年超级演说家”的比赛，那位浑身散发着自信光芒的艾玛，自信地站在舞台中央发表自己的演说。她坚定的眼神以及铿锵有力的言辞征服了在场所有人。

坐在台下的我被这位自信的小姑娘深深吸引，甚至有了栽培她演讲的想法。于是，我便通过各种渠道，找到艾玛的父母以征求他们的同意。出乎意料的是，艾玛父母居然爽快地答应了我的要求。

为了不影响艾玛的学业，我与她约定：在跟随我学习演讲时，绝对不能影响学业。如果因为演讲而影响了学习，那我就会暂停对她演讲的指导。

原本以为艾玛会迫于双重压力而选择放弃演讲，但是艾玛自信地对我说：“我可以很好地平衡两边的学习。”我被这位年纪尚轻却十分自信的小姑娘打动了，于是便全身心地教她如何演讲。而与艾玛接触的过程中，我发现这么小的孩子竟然已经学会了合理地安排自己的行程，她的时间管理能力已经不逊于成人。艾玛的时间规划是从父母身上学到的，父母的指导性学习让艾玛拥有了管理时间的能力。

当看到这里时，也许有人会说：“艾玛这么厉害，因为她天生就是聪明的孩子。”其实不然，除了天才以外，我们每一位平凡人的智力都是差不多的，而艾玛之所以能拥有自信与自律的能力，是因为她父母聪慧的教育理念。

演讲是百益而无一害的技能，演讲不仅能锻炼孩子的自信，而且还能锻炼孩子的临场应变能力。我们之所以演讲，是因为我们想把自身认为正向的价值观与观众一同分享，而不是单纯地把冠冕堂皇的话读一遍。因此，在我看来，演讲的首要前提是自己能理解演讲稿想要表达的主旨。

针对这一教育主旨，我时常对艾玛说：“自己不要把未能理解的语句添加到演讲稿中。再精妙的话语，如果不是发自你内心的，都是没有感染力的。”我希望艾玛能树立正向的价值观并把其真实的故事分享给每一位观众。这看似难为情的要求却能表达出演讲的真正意义，以及引导孩子做最真实的自己，而不是当一个“传话筒”。

正向的教育理念能有效地引导孩子寻找正确且有效的学习方法。艾玛在我的引导下成为一名“真实”的小演讲家。而艾玛父母的正向教育理念让艾玛拥有了更多发掘自身潜能的机会。

让孩子具有不逊于成年人的行动力

“要么不做，要么全力以赴。”这是爸爸经常跟艾玛说的话。他们希望女儿以后成为一个敢想敢做的人，而不是一个思想上的巨人、行动上的矮子，最终一事无成。

要让一个孩子真正理解“全力以赴”并不容易，艾玛的爸爸用很多比喻让她明白其中的意思：对于马拉松比赛选手来说，感觉体力用尽后，再多撑十里路；对于拳击手来说，一次次地爬起来、站起来的总次数比被击倒的次数多一次；对于士兵来说，不管山头上有多强的敌军火力，先把它攻下来再说……

除了这种引导之外，艾玛的父母还十分注重鼓励教育。当艾玛遇到困难时，父母总是引导她去独立想办法解决。比如，喜欢演讲的艾玛听到“少年超级演说家”活动时，她立即兴奋地向妈妈表达了想参加的意思，但另一方面又担心爸爸不同意。妈妈便鼓励艾玛，主动找爸爸沟通。

经过妈妈的鼓励后，艾玛主动找爸爸商量，一开始爸爸还故意“刁难”她，表示要是拿不到名次的话，又浪费时间、又浪费钱，还不如把钱留着以后给她买大房子呢。

在面对爸爸的这种“刁难”时，艾玛沉思了5分钟，然后眼神坚定地对爸爸说:“我会争取拿到名次的，等我拿到比赛奖金后，我会把钱存着，等以后自己买房子。”爸爸听后顿时感到艾玛仿佛成长了许多，他明白艾玛已经开始学会独立思考了，于是便鼓励艾玛:“你要好好加油，爸爸永远在背后支持你。”

得到了爸妈鼓励后的艾玛信心十足，从未懈怠。由于理论课程比较乏味，艾玛时常产生放弃的心态，但是每当她想放弃时，她就会对自己说:“这是你自己选择的路，也是爸妈全力支持你的，决不能放弃。”

鼓励对于孩子来说，是非常重要的，正向的鼓励方式能影响孩子一生。我见过一些成年后面对社会不自信的青年人，在与他们沟通过程中发现，由于他们从小就被父母责骂，即使考到班级第一名也没有任何鼓励的话语，这就让他们产生了疑问：是不是因为自身就是不被认可的存在，所以才得不到任何鼓励，甚至夸奖。这种心态就让他们产生了自卑的心理，而这种心理将会影响他们一生。

有一次，艾玛生病在家，母亲打开房门发现，艾玛并未躺在床上休息，而是在书桌上撰写信件。她悄悄走近一看，发现女儿竟在给校长写建议书，并且还条理清晰地列出了几条建议。

当艾玛母亲认真阅览其写的建议书后，发现艾玛列出的建议都有其可取性，于是艾玛母亲便对艾玛说："你可以交给你的校长。""但是我害怕。""我知道你会害怕，但是我觉得你可以尝试跨出这一步，因为你是一个勇敢的孩子。"听到妈妈的鼓励后，艾玛决定等病情好转后就交给校长。虽然最终的结果是校长并未全面采纳艾玛的建议，但是校长却对艾玛说："你是一个有主见且勇敢的孩子，你很棒！"

"你很棒！""你是勇敢的孩子。"这些简单的话语将会改变艾玛的一生，自信心的树立是从小耳濡目染的，当你的孩、子被鼓励了，他们的眼睛就会散发出自信的光芒，而这种光芒会影响孩子一生。

让孩子学会尊重别人而获得爱

人与人之间，最基本的交往原则就是互相尊重。但是，如今很多孩子在父母的万般宠爱下变得飞扬跋扈，随之而来的就是心灵脆弱、心理偏激、脾气暴躁等诸多问题。作为家长，当我们发现孩子出现一些诸如此类不尊重他人的习惯时，我们应该立刻反思，是不是自身的教育引导出现了问题。

"六一"儿童节前，艾玛不仅要参加市里举办的"'六一'儿童节主持人大赛"，还要参加学校的舞蹈排练。分身乏术的她正在苦恼着该如何是好时，舞蹈老师又提出了一项额外的要求，在群舞中增加新的高难度动作，新的排练又紧锣密鼓地开始了。

经过多次排练后，孩子们的体力到了极限，但效果还是不尽如人意。忽然，其中的一个女孩大声说：“不练了，累死了，练了也没效果。”其他小朋友一听，全泄了气，就连一向懂事的艾玛也受到其他孩子情绪的影响而跟着起哄。事后，老师把这件事转告给了艾玛的妈妈。她妈妈得知此事后，与艾玛心平气和地展开了一次谈话。她妈妈对艾玛说：“我知道你紧张排练的程度，但是你也跟着别人起哄，这是不对的。有什么事情可以私自和老师反映，闹情绪是不尊重老师的表现。”起初，艾玛听了妈妈的话还有点不服气。但是经过自己冷静思考后，艾玛也明白：只有尊重他人，才能赢得别人的尊重。

只有让孩子从小学会尊重他人，在他们步入社会的时候，才能少走一些弯路，遇见更多的贵人。

让孩子拥有自制力和时间管理能力

孩子玩手机，估计是最令父母头疼的问题。面对这样的教育难题，我们可以参考一下艾玛父母的教育方式。

艾玛父母深知当今社会对孩子的诱惑非常多，如果孩子自制力不够坚定，就会经不起各种诱惑。因此，艾玛从小就没有属于自己的手机。如果她想要玩手机，在完成作业后会被允许玩十分钟。而艾玛如今已经把玩手机的限定时间变为了习惯。只要玩到了十分钟，她便会自觉上交手机。

自制力与其他能力相比，对一个人的成功影响很大。如果没有自制力，再多的能力、才华也无法展现。但是自制力是需要长时间的培养和积累的，所以艾玛的父母都是从做一点一滴的小事来培养艾玛的自制力。每当艾玛提出一些不合理的要求时，父母都会直接告诉她“不可以”并说明理由。就是这些点点滴滴的坚持，让她从小就形成了良好的自制力。

在时间管理方面，艾玛的父亲更是以身作则。艾玛是在书香四溢的环境中成长起来的，父亲是一位酷爱读书的人，艾玛在父亲耳濡目染下也养成了爱好读书的习惯。有一次，她一边走路一边看书，导致撞上了路边的警示牌。父亲得知此事后，便担忧地对艾玛说：“爱看书是好事，但一定要在适当的场合和时间里看，不能再发生这么危险的行为。”在父亲的帮助下，艾玛对自己的时间进行了合理的管理，并把时间进行了细化：早晨六点钟起床，开始诵读一些国学知识；休息 10 分钟后，再读半个小时的英语……

自从制定了时间管理计划后，艾玛就“自动运转”起来：课前预习、课后复习，接着写作业，再看一会儿作文书，睡前把当天学习的知识，按先后顺序像放电影似地在脑海里回忆一遍……无论课后作业多么繁重，艾玛总能准时完成并留有一些时间让自己娱乐玩耍。

让孩子梳理正确的“三观”

“你读书是为了什么？”

“我读书是为了考上重点中学！”

“你考上重点中学又是为了什么？”

“考上重点中学是为了考上重点高中！”

“考上重点高中又是为了什么？”

“考上重点大学！然后赚钱，赚很多的钱……”

这是一段教师与孩子之间的对话，这看似很平常的对话背后却隐含着“缺失正确价值引导的教育方式”。

无数父母都深受“让孩子赢在起跑线”的影响，从幼儿园开始，就要孩子学拼音、学英语；上小学后，父母又马不停蹄地带着孩子，到处参加各种培训机构的学习……

家长望子成龙、成凤的心情可以理解。然而，只是忙于教导孩子各种技能，而忽略了灌输他们正确的价值观、人生观、世界观，那么孩子在成长中就很可能缺失了正确的信仰，误入歧途。

而艾玛的父母，则选择给她讲中外名人的励志故事，让她从这些名人故事里寻找自己的榜样，帮助她树立志向。“少年养志”，这些故事如同一颗颗正心的种子，种在了艾玛的心里，不经意间随着她的成长生根发芽。慢慢地，艾玛很自然地有了各种各样的理想：希望做一个演说家，把正能量传播出去；梦想建一所希望小学，让更多的小朋友坐在宽敞的教室里学习……

艾玛的父母对她的教育，就像是在栽培一棵参天大树，施肥、浇水、培土，以榜样为引领，通过自律机制，培养她树立正确的“三观”。这个过程没有拔苗助长，没有急功近利，只有持续不断地陪伴、鼓励以及引导。

父母是孩子人生的第一位老师。不少孩子长大后有这样或那样的性格缺陷，很多时候都是在童年、青少年时期种下来的“因”。追溯起来，这都和父母只停留在对孩子衣食住行的低级爱护，而未能经过学习向更高层次的爱转化有关。

何谓向“更高层次的爱”的转化呢？马斯洛需求层次理论告诉我们，每个人的需求就像阶梯一样，从低到高分为五种，分别是生理需求、安全需求、社交需求、尊重需求和自我实现的需求。很多家长只注重给孩子提供前两者的爱，而忽略了后三者的爱。而在这个物质极为丰富的时代，给孩子带来后三者的爱会越来越重要，也是孩子能否既拥有物质生活，也拥有丰富的精神生活的关键。

显然，艾玛的父母给了她更高层次的爱，让艾玛从小树立了正确的“三观”，这将是陪伴她一生的财富。

可以说，在这个基础上，艾玛的人生道路，将稳居在“第一梯队”里。我作为她的演讲辅导老师，也很期待艾玛在未来一次次关键时刻的冲刺，能收获成长的果实。而我也相信，在观看完这篇文章的读者能深刻地明白，培育孩子不仅在于给予其生活物质上的满足，给予其精神世界的满足也是至关重要的。

燃烧自我，点亮梦想

每个人在一生中会遇到无数的老师：漫漫求学路上解惑的“老师”；带领我们走上专业道路的“业师”；如果运气好，还能遇到一个为我们照亮前程的“导师”。老师是太阳底下最光辉的职业，是人类灵魂的工程师，其意义和价值不会随着时光的流逝有所衰减，反而会伴随着我们的成长发出耀眼的光芒！

当一个人拥有了明确的前进方向以及坚定的目标，他坚定的眼神以及雷厉风行的做事风格，让他浑身散发出独立自信的魅力。这

诲人不倦的徐宁

种魅力犹如深渊里一束驱走黑暗的光芒，它不仅耀眼而且温暖，足以照亮自身以及明亮他人。

在一次企业家培训课上，我有幸认识了徐宁——一位“80后”的高中生物老师。由于前来参加培训的大多都是企业高管，当我得知他是一名老师时，我对他产生了极大的兴趣。为何一名老师愿意支付高额的培训费前来参加学习？难道他要转行创业？

经过几次的交谈后，我发现徐宁是一位拥有坚定目标的人。他拥有专属自己的教书之道，他把“育书育人”的理念付诸实践。在他看来，一个班级就是一个小“企业”，老师同样也需要有先进的管理思维，所以他想借此机会学习并借鉴企业家的“领导力”和“创造力”，把它们融入教学当中，以此来激发学生学习的兴趣和主动性。

在徐宁心中，他早已把教学视为一生追求的事业，他希望能尽自己的能力帮助更多的孩子以及发掘更多行之有效的教育方式。

在求学期间，徐宁便立下了要成为改变传统教育方式的老师。在成长的过程中，他从未脱离目标的轨道，而是一直在此道路上坚持二十余载。

虽然，现在的徐宁是自信的，但是他也曾经历了一段自卑的至暗的时刻。由于他酷爱玩游戏，他成了班中第一位近视的孩子，因为不想被人嘲笑，所以他一直没有勇气戴上眼镜。那时的他时常想：要是一直这样自卑下去，自己的人生是不会有光芒的。在他为此感到迷茫时，他的人生分水岭也出现了。

假设徐宁没有遇到他人生的分水岭，那么中国的教育界将缺少一位甘愿为教育事业无私奉献的育人者。正因为自身的经历，徐宁一直认为：想要成就一名孩子，首先要赋予他拥有梦想的能力以及让他确立坚定的目标。

到底是怎样的经历让他萌生了梦想，让他立志成为改变世界的教育家呢？

1997 年，由于当时徐宁的成绩十分优异，所以他被班主任直接任命为“班长”。

班主任是一位刚从师范大学毕业的高才生，他非常推崇魏书生的教育理念，并且将其理念付诸教育实践。在班主任的影响下，徐宁对魏书生愈发感兴趣。在魏书生的教育理念影响下，他愈加发现魏书生在育书育人方面很有自己的独到见解，而且将这种理念结合到自身的学习中，他发现很多方法都有其可行性。在不影响自己学习的情况下，他还跑到现场去聆听这位教育家的讲座，并且找他一对一进行交流探讨。出生于教育世家的徐宁，原本就对教师这个职业有着特别的归属感，而这样的人生际遇更激发了他对教育事业的向往和憧憬。为了追随魏书生的脚步，实现少年时立下的目标，他最终选择做一名人民教师，并且在教育这片沃土上兢兢业业地耕耘，为学生奉献一生。

1998 年，徐宁到同学家中做客。当他前往书房参观时，当书房门敞开后的那一刻，他被迎面扑来的书香气震撼到了，满屋子的藏书让他叹为观止。于是，他便在书籍的海洋中遨游了将近一个多小时，他看到了一份关于人类大脑开发资料，资料显示，普通人的大脑仅仅开发了 2%，即使是爱因斯坦的大脑也只开发了 10%，如果人类的大脑能得到进一步的开发，那么世界上很多看似不可能的事情都将变成可能。

徐宁被这奇妙的观点深深地吸引着，他想，如果通过研究能让人类的潜能再多开发 1%，这是何等伟大的贡献。从此，他开始大量查阅与开发大脑潜能相关的书籍。为了让实践应用到生活中，他常拿自身作实验“小白鼠”，比如，练习快速记忆、各种思维训练等。当他考上大学后，更是选择了“生命科学”作为主攻方向，潜心研究，还为此撰写相关的专业论文和科普文章。徐宁的毕业论文主题便是关于记忆理论的研究，他曾用这套理论应用到自己身上并取得很好的反馈。

二十多年来，徐宁对这方面的研究从未停止。他始终坚信这些研究能有效地帮助每一位学生更好地发掘自己的潜能，从而在学习上取得更大的进步。2007 年，他开始把多年的学习和研究成果运用到教学中，使学生的成绩进步很大。他的研究成果得到了更多实践证明，尽管如此，他仍然积极参加各类型的班主任培训和比赛，不断提升自己的专业水平。

他曾在班主任命题比赛中荣获高中组一等奖、班主任基本功大赛中荣获高中组一等奖、班主任论文比赛中荣获高中组一等奖，他还被评为“第五届温州市骨干班主任”……即使众多荣誉在身，但他从未停滞不前。

把教育作为毕生追求，“诲人不倦”的精神在徐宁身上体现得淋漓尽致，他严谨的教育态度以及其板书得到每一位学生的青睐。2011 年，他带领学生参加高中生物竞赛，获得了优异的成绩，并荣获了“浙江省高中生物学竞赛优秀指导教师奖”。

2012 年，某校得知他的教学成效优异，特邀他给毕业年级的同学进行训练指导。通过此次训练，考到重点高校的学生人数比上一年增加了 30 多人，刷新了该校的历史纪录。此事一出，徐宁这个名字响彻了行业内部，因此他作为教育专家被邀请到上海华东师范大学给中学校长授课。

2017 年，他获得中华人民共和国教育部的表彰，课堂视频更被收藏在中央电化教育馆里……

荣誉加身的徐宁并没有被外部因素所影响，直到现在他仍“不忘初心”地坚持着自己的梦想。在与他交谈中，他说:“我不会忘记曾经迷茫的时刻，因为在那段时间里我找寻到自己的梦想，并且不断把它变为现实，所以心之向往便是我最坚定的目标，帮助孩子发掘自己的梦想是最强有力的教育武器。有了目标、有了梦想并且坚定不移，才能拥有自己想要的人生。”

梦想成了徐宁的指路明灯，让其在追梦的道路上奋勇前行。徐宁愿意用自身的经历，引导更多的孩子找寻心中深藏不露的梦想，让他们在最好的年纪为实现梦想扬帆起航。

随着信息网络的快速发展，很多孩子沉迷于网络游戏中，分不清现实与虚拟的世界。一位孩子由于痴迷游戏，从楼上纵身一跃而亡。调查死亡原因时发现，这位孩子认为他与虚拟世界的人物一样，从高楼大厦上纵身一跃都不会死。由于类似的事件层出不穷，“游戏成瘾”已经引起联合国的重视。2018 年 6 月，世界卫生组织正式发文，将“游戏成瘾”列入精神类疾病，并号召世界各地成立游戏成瘾的戒除机构。

徐宁在“戒除游戏成瘾”这个领域也颇有建树。为了更好地让学生专注于学习，徐宁常到一些论坛找优秀的专家老师，以求解决之道。其中一位脑神经科学领域的顶尖专家，他擅长帮助吸毒者戒除毒瘾，还曾被邀请到美国科学探索频道做节目。徐宁便将其中的精髓引入到帮助学生“戒除游戏成瘾”中，总结出一套独有且行之有效的方法。

一些即将参加高考的孩子仍抵制不住诱惑，常常躲进被窝中偷玩游戏，徐宁老师为此感到十分困扰，于是他便结合那位专家的方法带领他们戒掉“游戏”。徐宁带着他们做训练，一般通过三次训练，累计不超过三个小时就能降低网瘾。

除此之外，徐宁为了培养学生的良好习惯，还在控制欲望方面进行创新，而“手环”就是其中最受学生欢迎且效果显著的“小发明”。他亲自设计了一批手环，并在手环上刻了几个字：专注、快速、持续。徐宁把手环送给学生佩戴，让他们在学习累了、遇到挫折、想要偷懒、注意力不集中的时候，看看手环上的字。这样的一个小动作，能帮助学生一直处于学习状态中。

有一个学生，长期佩戴着这个手环以激励自己，并一直铭记徐宁说过的话：做事情一定要坚持，持之以恒才会有成绩，才会有结果。每当他想要放弃的时候，他就看看这个手环上的字，便能重新振作起来。而这样持之以恒的教育方式，让他顺利地考上了大学，并且在毕业后，创建了跆拳道馆。

徐宁从执教的第一天起，就带领学生每天跳绳或者做平板支撑，从未间断……他一直告诉学生：每天设定一个小目标，无论是运动、写作还是背英语单词，都要努力完成它，同时还要持续增加小目标的难度，坚持下去，你就会离大目标越来越近。总有一天，你会到达心中的“罗马”城。

生命的厚度不仅在于你拥有多少，更在于你付出了多少。徐宁用自身的实践成果向学生深刻、生动地诠释了“何谓行动”“何谓坚持”。而学生不负徐老师所望，他们用自己的行动，向所有人证明了他的教育理念的重要意义与作用。

徐宁在与我分享这些故事时，眼神自信且坚定。在他坚定的神态中，我还看到了希望的光芒。他无私奉献的教育精神，让我想起了一位朋友分享过的故事。

在德国，这个朋友看见一个中年大叔在管教街上的一个孩子，他问这位大叔：“这个孩子是你的吗？”

大叔说：“不是。”

他又问：“你认识？”

大叔说：“不认识，不知道是谁家的孩子。”

“那你为什么去管呢？”他感到很奇怪。

这时，大叔说了一句引人深思的话：“虽然他不是我的孩子，却是我们的孩子。”

这就是一个人，乃至社会对教育的不同理解和担当。我们需要这样的担当，需要更多像徐宁这样优秀的教师。

如果每一位人民教师，甚至每一个中国人都能发扬这种教育精神，点亮孩子心中的梦想，那么中国少年之进步将以百倍的速度前行，中国少年之强也将以百倍的速度递增！

少年进步则国进步，少年强则国强！

认命不认输，笑对风雨

人生在世，难免会遇到一段低谷期，其发生原因可能是事业不顺、爱情坎坷、疾病缠身……在低谷时，有的人选择逃避，或是长吁短叹，甚至抱怨命运不公。但也有不甘于平庸的人，他们在面对多舛的命运，仍努力前行，把困难变成他们通往成功的垫脚石。人的信念不同，命运也会不同。所谓的命运，只是我们凭着自己的意志一步步走出来的轨迹而已。

Doreen，是我在马来西亚的一个好朋友。她踏实肯干、平易近

作者与 Doreen 合影（中间）

人的性格让我对她有着深刻的印象。尽管她已拥有很多光环：NLP高级执行师、KW Machinery Sdn Bhd 董事长、Jarri Engineering Sdn Bhd 董事长，Business On Wheel Sdn Bhd 创办人……但是，从与她相识到相知的过程中，我从未在她身上感觉到霸道女总裁、气势凌人等不讨人喜欢的性情，反而她给我的印象更多的是像姐姐一样可亲。

她最喜爱穿黑色小西装外套，下搭浅灰色纱裙长裙。从她的简约淑女穿搭中，你完全想象不到的是她居然成功地经营着一家重型机械公司，一个“男人”的行业。每一次与她见面，她总是面带笑容，温婉而平静的外表下蕴含着历经风霜、坚持不懈的强大内心。我一直好奇，究竟是什么原因让她如此成功？

高一那年，当身边的同学还在奋力学习时，瘦小的 Doreen 已含泪挥别校园，步入社会。

那一年，Doreen 的父亲因为赌博而倾家荡产，和母亲离婚后便不知下落。面对糟糕的环境以及不敢想象的未来，Doreen 的母亲选择弃家而逃。

年仅 18 岁的 Doreen 仿佛被全世界抛弃，她彷徨着、迷茫着，童话里的梦在那一瞬间破碎了。唯一能与她相伴的，便是两个年纪尚轻的弟弟。那一刻，Doreen 明白她是弟弟唯一的依靠。她也曾想过放弃，但是一想到自己的两个尚未成年的弟弟，她最后选择坚持，“认命不认输”，从那时起在 Doreen 心中埋下了不屈的种子。

为了更有力量担负起这个破碎不堪的家庭，Doreen 选择放弃学业，她开始到处找工作，也卖过保险、也做过驻唱……她最累的时候，曾一天做过三份工作。

Doreen 说她当时只有一个念头：活下去！疲于奔命的她，也没有力气去想明天该怎么办。但是生命不会因为你敢于直面困难，就对你格外仁慈。

在那段坎坷、奔波的时光，Doreen 遇到了她的前夫，原以为前夫能弥补她青年时期错失的家庭温暖，未曾想过前夫的到来让她的生活变得更加辛苦。在 Doreen 看来，与前夫相处的那段时光仅仅拥有过短暂的幸福生活，短暂到他们孩子在一周岁的时候便选择离婚。离婚后的 Doreen，压力比未婚前更大，因为她不仅要抚养两个弟弟，身后还多了一个一岁的宝宝。从那时起，Doreen 明白：除了自己，其他人都不是自己的依靠，唯一能依靠的是自己。

长期的隐忍和委屈，持续的生活压力和一直以来的彷徨无助，再加上一场短暂的失败婚姻，无论是谁，经历了这么多磨难，都难免产生放弃的念头。

那段时光是 Dorccn 历经原生家庭破碎后的又一次低谷期。

直到 Doreen 出现了人生的转折点，她才开始慢慢振作起来。如果没有那次转折点，Doreen 或许要在低谷中沉沦更久，甚至就此消沉下去。很多人在人生的转折点上也没能好好抓住机会，而 Doreen

始终未曾放弃。可见，深刻于 Doreen 骨子里的不屈精神是拯救她最有力的武器。

“妈咪”，Doreen 在睡梦中被惊醒。此时，Doreen 看到还在蹒跚学步的孩子爬向自己。那一刻，她顿时醒悟，原来自己还有一个这么可爱的宝宝，我怎么可能放弃自己、放弃宝宝呢？ Doreen 抱着孩子，嚎啕大哭。

充满童稚的“妈咪”声，叫醒了身处噩梦中 Doreen，她已经“苏醒”了。Doreen 从牙牙学语的孩子身上找到了新的动力与希望，她找回了被遗忘在角落的那个不服输的自己。

生命的力量往往是巨大的，Doreen 十月怀胎孕育的新生命唤醒了被黑暗吞噬的生命。Doreen 在镜子面前细细地观察着自己，她发现了岁月给予她的痕迹，同时她也看到了一位作为母亲的不屈精神，那是新的希望。

重燃斗志的 Doreen 干劲十足，她开始有了明确的目标并不断为此付诸行动。生活就是这样，当你心怀希望时，它往往也会对你温柔以待，从一线阳光到一片光明。

契机就在重拾光明之时出现，有一位老板想把重型挖掘机从日本运到马来西亚，Doreen 只要把这项工作做好，她可以获得一笔不菲的佣金。为了寻找适合的货运资料，她四处奔波寻找供应商，经过夜以继日的查找，她终于成功找到了愿意与她合作的供应商，顺利完成任务的 Doreen 挣到了一笔不菲的佣金。

从此，Doreen 踏上了在重型机械领域的创业之路。这本来是男人打拼的领域，一个娇弱的小女子，又是如何能在此领域立足呢？但是 Doreen 认定，重型机械在马来西亚有发展前景，所以不顾世俗的偏见，决心在这条路上走下去。

Doreen 对重型机械一无所知，但是她清楚地知道，当自己什么都没有的时候，唯一能拿出来的就是态度。为了学到更多的知识，Doreen 漂洋过海到日本学习有关重型机械的知识。她白天学习知识，晚上便睡在货车上。在这种恶劣的环境下，Doreen 未曾有过一丝放弃的念头，她要竭尽全力把所有知识都学会。直到现在，Doreen 都想象不到自己是如何在那样的环境之下生存下来，她还平静地说："那时孩子才三岁，我在日本的时候，我每天害怕自己熬不过那个寒冷的冬天，没有机会见到自己的孩子。"

"不服输"不只是一个口号，它蕴含着人在艰苦岁月中所坚持的前行动力。坚韧的 Doreen 通过自己不懈地努力以及扎实的专业知识，成为了团队里的一根标杆，她用不服输的毅力以及专业的知识征服了她的团队，并得到了团队所有人的认可。

Doreen 是一位要求严格的人，她不仅对下属要求严格，还常以身作则、严于律己。Doreen 无论面对什么困难，她从未有任何抱怨，敢于担当的性格让团队里的伙伴都信赖她。

事业成功的 Doreen 并没有停下脚步，她不仅在工作方面不断求进，在生活中她也不断要求自己成长和进步。就像 Doreen 所说：现在的自己可以更好地和情绪相处，一旦有负能量出现，她就会从容地转移焦点，将注意力放在其他事情上，等到情绪过去了之后再调整。

财富的增长可以让我们拥有更好的生活条件，心灵的丰盈可以让我们收获更多的硕果。经过种种磨难之后，Doreen 慢慢开始直面自己与父母之间的关系，因为她明白了唯有把这一心结解开，才能拥有真正幸福的人生。

Doreen 释怀了过去的所有不幸，她选择原谅自己的父母并每月给予他们一定的生活费。虽然她还没有完全从过去的痛苦记忆中走出来，但是她至少已经开始去学着接纳这段“陌生”的亲情。对 Doreen 与她的父母来说，这样的做法是最好的结局。

外婆的离世让 Doreen 再次明白，要珍惜身边的人，因为有些人的离开便是一辈子的离别。外婆的离世让 Doreen 更加珍惜与父母相处的日子。Doreen 意识到，自己每个月向父母支付生活费，并不代表她对父母真正的原谅和爱。在为外婆办完丧事后，Doreen 立即给母亲致电，表示以后会经常回去看望她。同时，她也恢复了和父亲通话。至此，生命中最坚硬的寒冰，终于完全消融了。

Doreen 的原生家庭幸福吗？她的人生顺利吗？恰恰相反，她比大多数人承担了更多的家庭不幸，也经历了更多的坎坷与磨难。但是，她比大多数人有更强的“不认输”信念。

幸福可能离我们很远，但是这丝毫不妨碍我们去主动拉近与幸福的距离，就像 Doreen 所做的：认命不认输，笑对生命中的风雨，最终把命运掌握在自己手里。

现在的 Doreen，已经拥有了自己的幸福生活，但她的梦想还不止这些。在说到未来的打算时，她希望在 45 岁时，可以把公司交给合适的人管理，而自己则到不同的地方，去帮助更多的人收获幸福。

人们都说岁月无情，但在 Doreen 身上，我只看到岁月留给她的是从容。她看起来仿佛还是过去那个年轻的小女孩，只不过她所经历过的坎坷，把她的内心雕刻的更加淡定。她莞尔一笑的样子已经告诉我们，她已经接纳了过去，更好地展望未来。

坚守之后的金风玉露

问世间情为何物？直教人生死相许！

说起爱情，我们最先想到的往往是浪漫、甜蜜、永恒、归宿……的确，爱情是弥足珍贵的，但我们更应该知道，美好的事物，往往不会凭空而至。在寻觅爱情、追求爱情的路上，你是否做好了准备？你是否真能做到“生死相许”的坚守呢？

丹娜、叶骏

听完好友叶骏和丹娜的故事，我第一次对爱情有了另外一些感受，要获得这份美好，只有憧憬、许诺、浪漫是远远不够的，或许那些在爱情道路上执着的坚守者，才更有资格拥有最后的金风玉露吧。他俩的爱情经历，比很多电影里的桥段更跌宕起伏，而这两个主角，就生活在我的身边，并非银幕上的“演员”。希望这个现实中的爱情故事，能让更多的人有信心为爱坚守，收获属于自己的美好。

丹娜，来自我国台湾的富家小姐；叶骏，则是来自上海的一个普通家庭。在我看来，这几乎就是“白富美”和“屌丝男”的真实写照，他们是两个不同世界的人，看起来很难有什么交集，却偏偏走到了一起。

两个“世界”的交点，始于新加坡。丹娜家里世代经商，在台湾高雄有着深厚的人脉关系。作为家里最小的女儿，丹娜一直是整个家族的掌上明珠，在她 13 岁那年，家人把她送到了新加坡，按照规划好的人生路线精心培养。

而叶骏出现在新加坡，完全是出于一个“小人物”的奋斗之心了。他之前是在上海从事地产中介业务，却不甘心做一辈子的“小中介”，为了寻找更大的舞台，选择了到新加坡进修。

就这样，28 岁的叶骏和 26 岁的丹娜成了同学。其实，我很难想象，在两百多人的班级里，怎么偏偏就是他俩擦出了爱的火花呢？可能是叶骏身上那种“小人物”的不屈、奋进，让出自豪门的丹娜有些新鲜感。当然，叶骏的才华、学习成绩、潇洒仪态，也很容易把这种新鲜感催化成好感，毕竟，这个“小人物”很快就变成了整个班里的中心人物。

一开始，丹娜把这种好感深藏在了心底，她知道自己未来的一切都是安排好的，包括嫁入豪门的婚姻，一直对父母孝顺有加的她，也没有违逆家人意愿的想法。这时你就不得不感叹爱情的奇妙了，心有灵犀一点通，丹娜注意到叶骏的时候，叶骏也对这个温柔大方的女孩有了不一样的感觉。和丹娜不同的是，这个“小人物”一开始就拿出了自己一贯的勇敢，对她展开了猛烈的追求。

叶骏很快就知道了，他们之间有一道难以逾越的“鸿沟”。但是，爱情的种子已经生根发芽，他没有丝毫的退缩之意。

这时他们之间第一次真正的表白，在我看来，更像是一次“宣言”，对未来，对那些无法预知的困难和阻挠的挑战宣言：“和我在一起，你可能要付出很多、很多的努力，才能得到我父母和家族的认可。这个过程一定无比艰辛，甚至会超出你的想象，你还会坚持吗？”

“我爱你，也请相信我一定可以做到！”叶骏握着丹娜的手，坚定地回答。

这是俩人坠入爱河的开始，也是磨难和挑战的开始。叶骏应该也没有想到，这场爱情“战局”一开始，自己就处在了一个极为不利的“绝境”之中。

带着“先天”的成见，叶骏会被丹娜的父母如何对待，可想而知。原本很宠爱丹娜的父亲，听说她竟然找了一位穷小子做男朋友，没有给她任何辩解、争取的机会，更没有给叶骏任何机会，直接强行切断了他们之间的联系。

我时常也会想，如果我处于他们当时的境地，长达数年的“苦恋”，自己能不能坚守到底呢？

在那几年，书信和电话就是他们之间的红线，拉不到对方的手、看不到对方的身影，他们只能在信里倾诉衷肠、在电话里诉说思念。每一封信里，丹娜都会用一个这样的称呼开头：世界著名的房地产大亨叶骏……

每想到这个细节，我都会对丹娜生出一股由衷的欣赏，这是一个睿智的女子，她的坚韧，无声无息却不会被消磨。如果少了她的鼓励和信任，叶骏会不会在那种销魂蚀骨的相思苦里，散了斗志、灭了锐气呢？

几年的时光里，他们分隔两地，却相知相惜，通过写信、打电话聊着共同的梦想，谈着心心相印的爱情，在互相关心、互相激励的声音中感受彼此的温暖，汲取着动力。在这之外，叶骏几乎是以狂热的姿态，投入进了自己的事业中，他要用自己的努力，给丹娜创造一个美好的未来。

一个“在一起”的信念，到底有多大的力量？直到这时，我仍然看不到他们的希望所在。要知道，这种遥遥无期的等待，是难以承受的。看不到终点的旅程，很容易在中途迷失……

丹娜想必也是在这种刻骨的折磨中承受了太久，当她又一次站在窗前，当阳光又一次照在她的脸上，当一脸阳光的男子又一次浮现在她的脑海里，丹娜拿起了行李，直奔上海。

这次相聚，并没有让他们的恋情有任何突破，反而让形势更加恶化。丹娜的父亲认为是叶骏影响了女儿的前程，破坏了他们父女的和谐。为了彻底切断丹娜的念想，她父亲决定给叶骏一个教训，想让这个小伙子自己放弃并远离丹娜。

于是，当丹娜回到我国台湾后，母亲告诉她，家人都想见一见叶骏，让他有时间来一趟台湾，见面地点就定在丹娜家附近的一间道观里。

我能想象到，这个消息对于一对苦恋的人意味着什么。叶骏肯定是满心激动地去了我国台湾，丹娜也一定是满心憧憬地等待结果。他们都未曾想到，前方是一场更为猛烈的风暴。

没有想象中心平气和的见面、接纳，这其实是一次残酷无情的“宣判”：丹娜的父母彻底否定了叶骏，否定了两人的爱情！此时，丹娜决然地离开了我国台湾，孤身来到上海，和叶骏开始了新的生活。

记得梁静茹有一首歌叫《勇气》，未曾经历过深爱的人可能不明白，爱一个人的确是需要付出莫大的勇气！尤其是身边所有人都反对的时候，相爱的人唯有拿出自己全部的勇气，才能够把真爱牢牢地攥在手中。可是现实生活里，真正有勇气去面对流言蜚语的人少之又少，更多的是成为爱情路上的逃兵，因为他们对爱情并没有执着的信念。

我只能对这对恋人的果决表示赞叹，也很理解叶骏接下来的举动——就在新加坡，他们相爱的起点，叶骏为丹娜举办了一场婚礼。对于丹娜而言，这是一场没有“家人”的婚礼。为了不让叶骏的家人为他们经历的困难和考验而担心，两人商量后就请了一些临时演员假扮丹娜的家人。

婚礼进行得很顺利，叶骏的内心却并不好受，作为丈夫，本应该给丹娜一个光明正大、幸福快乐的婚姻，又怎能让妻子为了他而割舍亲情？他怀着内疚，向自己许诺：终有一天，他要和丹娜在她家人的祝福中，再举办一场光明正大的婚礼。

从婚后定居台北这件事情来看，叶骏是有足够的信心和勇气去兑现自己的承诺，那里是丹娜的故乡，他要在丹娜家族面前，堂堂正正地干出一番事业，证明妻子的选择是对的！

对于这个选择，丹娜表现出了一贯的信任和支持，但是细心的她为了避免一些不必要的麻烦，还是给叶骏取了艺名。

个充满爱的人总是会发出耀眼的光。冲破重重枷锁，终于在一起的叶骏和丹娜，带着对生命的热爱和感恩，开始努力地工作和生活。仅仅一年多的时间，叶骏就协助一家地产公司成为当年市场上的一匹黑马，在竞争激烈的同行中突围而出，帮公司赚得盆满钵满之余，自己也崭露头角。

当时，投资海外房地产已逐渐成为一种热潮，而叶骏深谙海外房地产的投资业务，对各个国家的房地产政策、法律以及当地的地产市况都了如指掌，再加上他思维敏捷、能言善辩，很快就成为著名的海外房产投资专家和演说家。

在公司的支持下，叶骏开始在我国台湾巡回演讲，并吸引了大量的记者前来报道，逐渐成为我国台湾房地产界中的名人，他的艺名也经常在报端上出现。就连身处这个行业的丹娜的父亲，也开始关注这个后起之秀。

一切都在朝着好的方向发展，但是距离获得丹娜家人的真正认可，似乎还是遥遥无期。没想到，一次意外的不幸，改变了这一切的轨迹。2013 年，最疼爱丹娜的奶奶去世了。丹娜的父亲发动了身边所有的关系，终于联系上了五年没有回过家的女儿。他托人带话给丹娜，希望她能回来参加奶奶的葬礼。

听到这个消息，丹娜潸然泪下，她内心深处所有的怨恨瞬间消失，回想起家里的各种场景、回想起奶奶的音容笑貌……丹娜最终决定，回家去送奶奶最后一程。但是为了避免叶骏再次受到伤害，丹娜并没有直接带他回家，而是先把叶骏安顿到附近的一家酒店。

重返家门的丹娜，心里该是如何的五味杂陈？我并不愿意去细细体味，我的脑海里始终盘旋着这个画面：奶奶的棺材安置在大厅的正中央，父亲就站在旁边，丹娜一进门就跪倒在地，泪如泉涌的她呜咽着，翻来覆去只有一句话：“爸，对不起。”

这个场面打动了所有人，也打动了一向威严的父亲，他用颤抖的双手扶起了丹娜，说了一句："回来就好，快起来，看到你，爸高兴！"感受着父亲手上的颤抖，感受着父亲的泪水洒落在自己额头上的温热。丹娜这才发现，原来父亲的怜爱从来没有远离。

丹娜的母亲也和她相拥而泣，恨不得把这 5 年来埋藏在心底的情感一次说清。可是，说得清吗？这么多年的爱恨情愁、这么多年的魂牵梦绕、这么多年的朝思暮想……

亲情就是这样，一旦被唤醒，就再也不会沉睡，只会越来越热烈。了解到丹娜当时的生活后，父母决定跟叶骏来一次推心置腹的谈话。也就是在这次谈话中，他们才了解到，叶骏就是那位经常见诸报端的后起之秀，通过自己的努力在全世界购买了十多处房产，并全部只写丹娜名字……

看着眼前才华横溢又谦虚低调的叶骏，丹娜的父母和家人不由得对这个当初的穷小伙刮目相看。

在丹娜的奶奶下葬之日，因为叶骏的名声，吸引了地产行业中不少有影响力的人前来参加，而叶骏的老板也特别安排了隆重的送别仪式。这一切更让丹娜的家人感受到了叶骏的能力和胸襟。

"精诚所至，金石为开"，这对"苦情"多年的恋人终于修成正果，丹娜的父母正式接纳了叶骏，在台北 101 大厦为他们举办了盛大的婚礼！我能想到婚礼当天的盛况，更能想到丹娜的满心甜蜜、叶骏的情难自禁，他们共同兑现了数年前的承诺。

如今，他们选择了在上海生活，丹娜希望帮助更多女性过上集财富、智慧、美丽于一身的幸福生活，开始创立自己的事业。而叶骏则毅然退出自己热爱的房地产行业，陪伴在妻子身边，全力支持她。在这一点上，我理解他，更佩服他，就如叶骏自己所说："丹娜曾经为我放弃一切，陪我走过一无所有，如今我也愿意用余生的时间和精力，陪伴她完成自己的梦想！"

回首他们这一路的风风雨雨，确实让人唏嘘不已。如果当初他们没有对爱情义无反顾的坚定，没有彼此的信任，没有在人生低谷时不离不弃的信念，没有为了爱而努力不懈的行动……可能只会成为彼此生命中的过客，无法得到最后的幸福。

有多少人能够经历一帆风顺、永远甜蜜的爱情？或许对于大多数人而言，爱情就像《西游记》中的唐僧取经一样，须经历九九八十一难，方能修得正果。可是面对现实，试问又有几个人能遵从内心、勇敢无畏的坚守"死生契阔，与子成说；执子之手，与子偕老"这一动人心魄的爱情誓言呢？

愿天下有情人坚守所爱，愿天下有情人终成眷属！

后记

给你的礼物

——鲁米

你不知道给你选一份礼物会那么艰难。

似乎什么都不合适。

为什么要送黄金给金矿，或水给海洋。

我想到的一切，

都是像带着香料去东方。

给你我的心脏，我的灵魂，无济于事，

因为你已拥有这些。

所以，我给你带来了一面镜子。

看看你自己，记住我。

拥抱内外的力量，遇见正心的自己

人生就像是一场旅程，中间难免有各种“偶遇”。每天醒来，我们都可能遇到各种各样的障碍和挑战，我们的大脑每天都会为此担心和恐惧。当你面对失败、挫折，甚至跌入谷底时，要学会持续鼓励自己。唯有如此，才有可能迈向成功。

因此，为了实现梦想，我们要学会运用正心，学会每当遇到阴天，就努力做自己的小太阳，成为世界上最会鼓励自己的人！

“一灯能破千年暗，一智能灭万年愚。”正心就像一盏灯，可以开启我们的无限智慧，融合自身内在和外在共同的力量，为我们提供一种潜在的竞争力。

正心，可以帮助我们开启深度的觉察。

觉察我们的喜、惊、恐、怒、悲、忧、思，

察觉我们的身、受、心、法……其实，觉察本身就是一种疗愈，现在全球有60多个国家，720多家医院、机构开设正心减压课程，以帮助各行各业的人。大量的科学研究表明，正心可以广泛应用于失眠、焦虑、抑郁、高血压、慢性疼痛等症状的辅助疗愈中，并且在心理保健、职场减压、领导力发展、学校教育、亲子关系等多个方面均有助益。

正心，可以帮助我们开启从容的精进。

乔布斯、马云、菲尔·杰克逊等世界级大佬都在持续做正心练习，而且在做重大决策前都会做正念冥想。在谷歌、脸书等公司，上到高层，下到普通员工，都在积极练习正心，这可以帮助他们提高专注力，提升觉察力和决策力。甚至，在硅谷的创业企业家中有这样一个说法，如果你还没练习正心，你就要落伍了。

正心，可以帮助我们开启不息的力量。

当我们拥有正念，就会拥有一正压百邪的力量。无论人生中遇到怎样的困难和问题，都会正确对待、从容应对、妥善处理，而不会去钻牛角尖，也不会杂念丛生，更不会迷失自己。当我们拥有正念，就可以支撑自己鼓起勇气、战胜恐惧，重新找回信心和决心，克服一个个难关，清除各种心理上的障碍，变得勇往直前，坚不可摧。

也许，整本书读到最后，还会有人问：什么是正心？有没有修行正心的手段和方法？如何能快速达到正心？

我想告诉大家，每个人对正心都有不同的理解与感触，所以不要执念于绝对和固定的答案。人生来并不一定都拥有正心，即使拥有，也会受到千百种世俗观念的干扰而难以保持正心，这就需要我们不断地修炼。正心修炼的就是你的心和你的念！

当你内心有各种念头出现的时候，不要让自己陷入念头中，而要让自己的内心对念头保持一种知觉，知道你在想什么，知道你的内心产生了哪些情绪、哪些想法，并对它保持一种观照，不做评判，也不跟着它走。

正心是一种永远在路上的修行，生活处处是正心修行的平台。当下这个社会节奏很快，太多人都很急功近利，追求短平快，急于求成。但是，有些事情欲速则不达。

在这里，我想给大家讲一个小故事。

徒弟问师父："师父，我多久才能达到内心的平静啊？"

师父说："三十年吧。"

徒弟很着急地说："那么久啊，我等不了那么久。如果我勤修苦练，昼夜不息地练习，是不是就可以快一点？"

师父摇摇头说："如果这样的话，恐怕你需要五十年了。"

对于正心的修行也是如此，你越着急，就会越远离目标；越功利，也会越远离目标！最好的修行方式就是：放下心中期待，让一切自然地到来。

最后，我想和大家分享几篇潜意识录音稿，

这是我经常用来鼓励自己的话，你可以通过扫描二维码收听：

正心之光音频

我想让你知道：

正心之路很漫长，不过，你并不孤单，有无数的人和你一起在看这本书。他们将会和你一起感受和拥抱内外的力量，在更高的维度遇见正心的自己！